天網搜奇錄

紫微楊 著

天地 www.cosmosbooks.com.hk

書　　名　天網搜奇錄
作　　者　紫微楊
責任編輯　郭坤輝
美術編輯　楊曉林
出　　版　天地圖書有限公司
香港皇后大道東109-115號
智群商業中心15字樓（總寫字樓）
電話：2528 3671 傳真：2865 2609
香港灣仔莊士敦道30號地庫／1樓（門市部）
電話：2865 0708 傳真：2861 1541
印　　刷　美雅印刷製本有限公司
香港九龍觀塘榮業街 6 號海濱工業大廈4字樓A室
電話：2342 0109　傳真：2790 3614
發　　行　香港聯合書刊物流有限公司
香港新界大埔汀麗路36號中華商務印刷大廈3字樓
電話：2150 2100 傳真：2407 3062
出版日期　2019年9月 ／ 初版・香港

ISBN ： 978-988-8548-39-2

心古不投塵世好　道高方信布衣尊

紫微楊近照，其身旁之對聯為已故國學大師饒宗頤教授所書贈紫微楊者。

作者簡介

楊君澤先生，人稱「紫微楊」，精通多門中國術數，對「紫微斗數」及風水學均別具心得，「紫微楊」之名早已不脛而走。在香港喜研術數者，幾乎無人不識。

楊君本身為一名報人，曾任本港多間報社編輯（包括《明報》編輯主任），以研究術數為業餘興趣。他退休經已三十年，年近九十耄耋之年，仍閉門沉醉於研究術數為樂事。

紫微楊共有九部著作，其早期的八本已合而成為「紫微楊·術數系列」，極為暢銷。現再在晚年重新修訂他的九本著作，將合而成為新的「紫微楊·術數系列」，由天地圖書重新出版，堪稱難得之作。

自序

不少鑽研術數的人認為，人的一生，有若宇宙星辰，都有它們既定的軌跡。說來似乎迷信，但世事往往顯現得如此，好像冥冥中有個主宰。

一個人、一個家族或者一個國家，在一段長的時間裏，必有興衰。而在不同的興衰過程中，就顯現出不同的軌跡，就自然有人認為應該有一個方法可以把它計算出來。這個方法，中國早就名之為「術數」。而中國各門各派的術數，都各有其獨到擅長之處，也各有其傳奇之處。

這部《天網搜奇錄》是我繼承《紫微閒話》、《術數述異》、《清室氣數錄》之後的第四部著作，題材與前三者完全不同，是集中介紹中國幾門盛行於時的術數和它的傳奇之處。其中更穿插不少的故事作為引證，目的在加強讀者的興趣。

而這部《天網搜奇錄》亦因斷版了多年，終於獲得「天地圖書」的青睞，予以重新修訂出版，同時亦應感謝「天地圖書」出版部編審工作人員的一番努力。

而這部《天網搜奇錄》是我九本著作中出版時最為暢銷的一本，初版不久立即再版，而本書由於在討論鐵板神數方面用了頗大篇幅，同時透露了不少鐵板神數的秘竅，如鐵板神數的密碼編排等。我還記得當時有業鐵板神數者打電話給我，叫我不要再寫下去，並說聰明的讀者已相等隔窗望見鐵板神數是甚麼了！

本書書名，仍為家兄楊善深所題。我是喜其古拙，希望讀者同樣會喜歡。

紫微楊謹識

己亥仲夏吉日

目錄

第二章：風水學說

第三章：占卦與測字

第四章：紫微斗數

第一章

鐵板神數與梅花易數

術數流派　各有傳說

中國的術數，門派甚多，包括鐵板神數、紫微斗數、子平命理、河洛理數、太乙神數、奇門遁甲、六壬數、易卦、風水學、掌相等，不一而足，如果得到真傳的話，每一門派都有其獨到之處，有其傳奇之處。

古之業術數者，大都認為人乃生存在天網之下，所以有「天網恢恢、疏而不漏」之說，是說天下之間，甚麼事都有因有果，也因為有因有果的關係，便應該有一種「數」可以把它算出來。

所以中國的術數，既有可算「人事」興衰的，也有可算「地運」或「國運」的，甚至還有可算「物運」的。所謂「人事」與「地運」或「國運」大家都會明白，至於「物運」，那是說能算出一件東西甚麼時候會毀爛等。至於演算方法，當然是各門派都不相同。但可歸納為兩大類，其一是側重數理來說，另一除數理外，更要靠「觸機」。

所謂「觸機」，就是近乎靈感了。而要靠「觸機」的術數，學者非有特殊的天賦，極難成為「高手」。如「梅花易數」，懂得的人頗多，但能成為「高手」的極少，原因就是它太講究「觸機」了。

「梅花易數」推崇邵康節，而「梅花易數」之得傳，就有一段頗為傳奇的故事。話說宋慶曆年間，邵康節隱居山林，專心學易，每日畫卦於壁上，細心思索，然終未能得其竅訣。一日午睡，牆角處有老鼠打架，聲浪甚響，邵康節被其擾醒，懊怒之下，舉起牀上之瓷枕，對着老鼠大力擲去，老鼠既被嚇走，而瓷枕亦破毀。而奇怪的是他在收拾破瓷片時，發覺破枕中有字條，上書「此枕賣予賢人康節，某年某月某日午時擊鼠破枕」。推斷枕破原因及時間甚為準確。康節至此覺得大奇，便走去向賣瓷枕者查詢，而賣枕者說：「很久之前有人手持《周易》，休憩於此，舉枕書字。事隔至今，相信此人即尚生存亦很老了。」

由於賣枕者知道寫該字條的人住在何處，在邵康節極力懇求下，賣瓷枕者便帶邵康節去尋訪該名異人，結果發生更奇怪的事。

推算毀枕　料事如神

在邵康節與賣瓷枕者找到異人的居處時，不料他的家人說他剛剛去世。

邵康節大失所望，深感來得太遲，正欲離去之時，異人的家人說，異人有遺書一冊，死前曾向他們吩咐：「某年某月某日某時，將有一秀士到吾家來，可以此書贈他，他便能為我安排身後事。」言畢，家人拿書一冊授邵康節。

邵康節立即急不及待的翻閱，原來是《周易》的書。由於邵康節在這方面有特殊的天賦，不旋踵便盡得書中之秘。隨後按例推算，果有所得，接着便對異人的兒子說：「根據易數推斷，你父親生前存有黃金，藏在睡牀西北角的地窖中。」家人如言前往找尋，果然找到了藏金，足以作為異人的殮葬費有餘。

這個故事是說邵康節得傳「梅花易數」之由來，但很多時同一個故事，經過輾轉相傳之後，每每又會衍變，出現另一個相似的故事，而上述的一個故事也不例外。

另一個故事是說有人買了兩個瓷枕，知道邵康節擅長於梅花易數，便對邵康節說：「你能推斷這兩個瓷枕在甚麼時候會破爛乎?」邵康節說：「可，只不過我不能直接告訴你。」

結果邵康節掐指細算，約一盞茶時光，便對某人說：「我現在寫兩字條分別放在瓷枕之內，到他日瓷枕毀壞時，你取出字條來看便知我的推斷是否準確。」

在邵康節寫好了字條放入瓷枕內之後，那人亦攜瓷枕離去。

一日，某人午睡，為鼠擾醒，懊怒下舉起牀上瓷枕擲鼠，老鼠逃去，而瓷枕亦毀。此時某人才想起瓷枕內藏有字條，取出來看，上書：「此枕因打老鼠而毀爛。」某人在瞠目結舌之餘，忽興起再擲另一瓷枕的念頭：試看你又寫些甚麼?結果，他真的把另一瓷枕擲於地上，瓷枕破後他取出了字條，原來上書：「此枕因他枕而毀。」其準確靈驗至此，某人不得不心悦誠服，而邵康節擅長梅花易數之名，自不脛而走。

梅花易數 講究「觸機」

「梅花易數」之得名，據古老相傳是有一段故事的。據説有一天邵康節在觀賞梅花，見樹上有兩麻雀相爭，梅枝墜地，邵康節奇而占之，得澤火革卦變作澤山咸卦，推斷「明晚有少女前來折花，為園丁追逐，少女失驚跌倒，傷其股」。這個故事流傳甚廣，而「梅花易數」亦因此而得名。

據習「梅花易數」的人解釋是，革卦上卦為兑卦，是為少女，下卦為離卦為火，火剋金是故少女受傷，而革卦之互卦為巽卦，巽為股，故推斷有傷股之應。變卦為咸卦，咸卦下卦為艮卦、為土、土生金，是故少女雖受傷而有救。

從上述之演算與解釋，可知「梅花易數」之變卦，並不似「河洛理數」那樣上下互換的，同時它十分注重互卦。

至於它的演算方法，亦不複雜，只不過是根據事件發生的年、月、日、時來取數，如三月就是三數，十六日就是十六數等。加起來除八，餘數就是所得之卦。它是用先天數的，所以乾卦是一，兑卦是二等。

所以說學「梅花易數」，能學到如何取卦並不困難，最難的地方是在解釋，除了熟習卦之五行和代表的事物外，更需有極高之天賦靈氣，然後可將卦象解釋得宜，是為十分講究「觸機」和「靈感」的一門術數。

在《天網搜奇錄》一開始即談「梅花易數」，除了是先說有關「觸機」的術數之外，也因為自己小時候有一段「梅花易數」的故事發生在自己的身上。這件事家兄楊善深健在時常拿來作茶餘飯後的談助，他的朋友與學生不少都聽過的。

大概是在一九四二年左右，那時我才不過十一歲，時值香港淪陷不久，我們舉家遷到澳門，我也在澳門讀書。有一天晚上，因為年幼貪玩，在同學家裏留宿。至翌晨，因我徹夜未歸，家人自然十分擔心，那時的電話並不如今日之方便，只有很少人家裏設有電話，所以家兄只得親自到所認識的朋友和我同學的家裏找我，就在他走到街上的時候，遇到了一位以術數知名的朋友。

人在何處　易數先知

話說家兄剛出門不遠，就遇到一位在術數上極有造詣的朋友。那時天剛破曉，朋友訝異於家兄這麼早出外，便問家兄去哪裏。

家兄便把我徹夜未歸的事原原本本的告訴他，朋友聽後便掐指計算，然後對家兄說：「你隨便舉起手伸出手指來，至於伸出多少隻手指你可隨意決定，讓我來替你問一下休咎。」

家兄依言照做了，據說當時是舉起右手伸出四隻手指。

朋友推算一番之後便對家兄說：「你弟弟現時已在家裏，你回去就可以看到他了。」

家兄半信半疑的說：「我剛從家裏出來，怎麼會他已在家裏？」

朋友見家兄不大相信，便對他說：「好吧！讓我們來打賭一下，你現在馬上回家，看看你的弟弟是否已回來，如果仍未回來，我請你喝早茶，喝完早茶再和你一同去找你的弟弟，但如果你的弟弟果如我說的經已回家，那麼，今早的早茶就由你作東道了。」

家兄無奈，只得回家看看，而我果然是已經回到家裏了。

這個「梅花易數」的故事，我小時候聽家兄和父母說過多次，當時自然不知道其玄機所在。

到後來自己鑽研術數，想起了這個故事，也覺得家兄的那位朋友確是高手。玄機所在是：家兄的朋友利用遇見家兄的時間，以年、月、日、時來訂卦，有了卦之後，再叫家兄伸出手指。妙就妙在這裏，這是利用他伸出多少隻手指來決定是哪一爻動，然後得到變卦，再從正卦、變卦、互卦之中去推斷我的所在。

家兄與父母都是不懂術數之人，此事發生後他們自然認為那位朋友是「生神仙」了，而此後遇到甚麼疑難之事，都去請教他。

至於我，則是在鑽研術數多年之後，才明白其訣竅所在。

轉彎抹角　洩露天機

梅花易數雖然標榜《周易》，但事實上它只是利用卦所代表的東西來推斷事物，如乾為頭、坤為腹等，完全不用《周易》的卦辭。所以「觸機」就成為梅花易數最重要的事。而能否切中，就與業者的天賦極有關係。有人天生夙慧，可以學習很短的時間就已有成；亦有人因為靈氣不足，無論怎樣去鑽研，也只能學到一招半式而已。

本來，梅花易數與很多門術數一樣，是可以直接說出結果來的。但自古以來，業術數者都迷信於「天機不可洩露」，所以才有前文談及的瓷枕的故事，等於事後才把結果揭曉。

說到「天機不可洩露」，古時的人相信一個人如果太聰明，便易招天妒，與紅顏薄命同一理。所以，聰明的人都要懂得藏，否則聰明太露，再加上「洩露天機」的話，就會遭受天譴。這是古人的迷信。亦因為有這樣的迷信，所以，術者在算出某件事後，本來不想透露，但又希望來問休咎者知道一點消息，他們就想到了一個方法。那是用「偈語」式的方法告訴來問休咎者，如果他們夠聰明，悟出了偈語的含義，那麼是因他們的聰明而得知天機，與自己的關係就沒有那麼大。

在《搜神秘覽》中有一段記載，是說一名業術數者，在替人算出休咎後，說出了幾句偈語，結果不但救人一命，更有使人沉冤得雪的過程，十分傳奇。

話說四川有一名高人，名費孝先，善於占算休咎。某日，有一名商人，名字叫王旻，因經商而至成都，可能自己預感到有不吉之事，煩躁不安，特意到費某處求卦，希望得到一些指示。當日費某是否用梅花易數則不得而知，但他占算一番後對王旻說出了幾句偈語，那是：「教住勿住，教洗莫洗，一石穀搗得三斗米，遇明即活，遇暗即死。」再三吩咐王旻熟讀這幾句偈語，而結果王旻真的就憑這幾句偈語逃過了一場很大的劫數。

熟讀偈語　逃過劫數

話說王旻獲得費孝先授以「教住莫住，教洗莫洗，一石穀搗得三斗米，遇明即活，遇暗即死」這幾句偈語後，便全心全意地把它熟讀，記在心裏。

與費孝先分別後，王旻繼續上路，途中遇大雨，便到一屋下避雨，不料避雨的人愈來愈多，擠滿了一屋子。王旻此時忽然靈機一觸：莫非「教住莫住」就是指此耶？遂冒雨而行，行未幾，小屋子突然倒塌，避雨的人無一幸免，獨王旻因冒雨離去始免於難。王旻之妻與鄰人有私，常俟王旻出外後幽會，後因希望能雙宿雙棲，已陰謀要把王旻殺死。這次王旻遠行後，他們已商議好一切，如何把王旻殺死和如何善後，只待王旻回來。

及王旻回來，對妻子與鄰人有私和相約把自己殺死之事，懵然一無所知，仍如平日一樣。但他的妻子已暗中通知情夫，待天黑其夫沐浴時把其夫殺死。

夜後，王旻之妻點起油燈，要王旻去洗澡和換過所有衣服。王旻突然記起偈語有說「教洗莫洗」之句，陰念莫非指此耶！遂堅不從。王旻之妻見他不肯去洗澡，一時忘卻與情夫有約之事，便自己去洗。甫入浴不久，即有人從外以水潑熄油燈，然後動刀斬下，王婦連呼叫也來不及已命送黃泉了。此案發生後，兇手逃去，最大嫌疑人物自然是王旻了。

結果王旻被捕，在審訊時王旻百詞莫辯，最後，王旻說：「死即死矣，但費孝先所言終無驗耳！」有衙役把王旻的說話轉告郡守，郡守本是清官，遂命暫不要把王旻行刑，並親自詢問王旻，隔壁是何人居住，王旻答曰：「康七是也。」郡守便命人把康七捕來，說他是兇手，審訊之下，康七果然招供認罪。此案水落石出之後，郡守向僚佐解釋說「一石穀搗得三斗米」，是說有七成是糠，糠七與康七同音，是故把康七捕來審訊，果然，而「遇明即活」亦對也。

鐵板神數　守秘至嚴

除了梅花易數推崇邵康節外，鐵板神數同樣是推崇邵康節的。

邵康節是宋范陽人，名雍，字堯夫，神宗時，以著作郎徵之，不至。名所居曰安樂窩，號安樂先生，精於易理，著有《皇極經世書》、《擊壤集》等，卒謚康節先生。

由於邵康節在易學上有盛名，中國有不少術數都推崇邵康節。而鐵板神數更說是邵康節所創，視《皇極經世書》為經典著作。但鐵板神數是否真的由邵康節個人所發明的，實在仍值得存疑，下文將續有所論。

近日，從本港的一些雜誌上，我們既可以讀到一些大捧鐵板神數的文章，同時也有抨擊鐵板神數的文字——特別是反宿命論的人。

鐵板神數在命學上，佔有一頗高的地位，本港不少紳商巨賈，都曾算過鐵板神數，準繩度如何，在上層社會裏，大家都心裏有數。

而鐵板神數是中國那麼多門術數中，守秘得最厲害的一門術數，若無師父，最多只能學得一招半式。而業鐵板神數者，對這門術數如何算法，除了傳給徒弟外，歷來都守口如瓶。任你如何攻擊他，他都不會置辯，就是為了防止在爭辯中透露了口風！

我常說，一個最反對宿命論的人，只要他算過一次鐵板神數，他就會相信一個人真的是有命中注定之事的。

原因最簡單，因為鐵板神數的看家本領，在於能算出你父母的生肖、配偶的生肖、兄弟姊妹人數和生肖、子女人數和生肖等，舉例來說如父屬虎、母屬龍、配妻屬豬、兄弟四人等，使到被算者大感驚奇。因為這些六親的情況，是不容爭辯的。同時，父母與配偶的生肖，就算是相交至好的朋友，亦未必知道，但它就能夠算出來，所以，不少被算過的人認為鐵板神數是一種十分神奇的術數，一種不可思議的術數。

推算六親　清楚準確

鐵板神數的神奇，倪匡先生曾在雜誌上推崇備至。他私下曾對朋友說，他懷疑鐵板神數是外星人所創的，這當然是因為他寫得科幻小說多，幻想豐富所致。

亦有人因鐵板神數對六親情況之奇準，甚至懷疑業鐵板神數者派私家偵探去調查客人的情況。

鐵板神數當然並非外星人所創，也並非派私家偵探去做手腳。

那麼，它算六親的情況為甚麼會這樣準確呢？

我常說，中國各門各派的術數，都各有所長各有所短，而鐵板神數最擅長之處，就是把人的六親情況算得如數家珍。但在算運程方面，它卻是輸予紫微斗數的，而紫微斗數在六親方面，則顯然又輸給鐵板神數的。這正是門派不同而各有所長，各有所短。

天網搜奇錄

這裏不妨先看一下一位朋友的鐵板神數的批章：
三八〇九：此刻生人，雙親俱全。
八六八九：分有前母，生我後母。
六九二九：兄弟五人，同父不同母。
九七六七：妻命甲子生，姻緣注定。
八六六一：先女後男，數定不差。
五三三一：數有六子，四子送老。
七二〇五：子多而且貴，樂莫大焉。
四五三四：慷慨熱心腸，為人無鄙吝。
七二五一：問名無成，問利有益。
三五八四：數注其人，四方為家。
三〇三五：經商異地，滿載而歸。
以後就是一些運程的批註，歲運好的就是「門庭吉慶，事業興隆」、「喜事禎祥天意來，陰陽和合百花開」等，而歲運不吉的，就是「耗星照命，其年破耗」、「走至逆運，事事皆悶」等。

從上半段的批章，可以看出鐵板神數是清清楚楚和十分肯定地把一個人的六親情況描述出來，但在運程方面，好的就說是好的，壞的就說是壞的，至於如何好與如何壞，分析方面就不及紫微斗數的詳細。

推算壽元　並無禁忌

鐵板神數與紫微斗數，是兩門完全不相同的術數系統，不過如果同時通曉這兩門術數的話，那麼業者就如虎添翼，徵驗性奇高了。

不過，業術數者都有自己的禁忌，業紫微斗數者多諱言一個人的壽元，但業鐵板神數者卻無此項禁忌。在鐵板神數的籤語中，除了有明言一個人在哪一年死亡，如一二四四八條「南柯夢入華胥國，人憶英雄笑語中」，七一九四條的「易曰，數止矣，豈不惜哉」，以及許多說明何年死亡之籤文外，另外尚有十二條的「借問一聲身外事，遇X是歸期」，「X」是十二生肖，如鼠、牛、虎……等，舉例來說如「遇牛是歸期」，那就是會死於牛年，只是未有明言哪一年的牛年而已。現在先說一個鐵板神數判斷一個人死亡的故事，話說在某年，本港有一名財經界巨子，曾去算鐵板神數，六親的情況與過去的事情，都十分靈驗，其中有一條籤文是說八五年運程的，籤文「南極仙翁來保奏，北極星君把壽添」。

而這位財經界巨子自有他的聰明，認為這條籤文是說他在八五年有難，很可能一病不起或者猝然死亡，除非有「南極仙翁」保奏，再加上「北極星君」添壽，方可度過難關。

但在當年初，這位財經界巨子健康如昔，並沒有任何病痛。

只是，這位財經界巨子對這條籤文一直耿耿於懷，終於，在當年接近冬季之時，他想到接近北極的地方去旅行，如阿拉斯加等地方。朋友都奇怪，到這些冰天雪地的地方去有甚麼好玩，但他自己卻是心裏有數。

後來據與他相熟的朋友說，由於鐵板神數把他過去的事算得十分準確，所以他十分惦念着「北極星君把壽添」這句話，暗裏認為如果能到接近北極的地方去旅行，當可更接近「北極星君」，也有更大的機會把壽添也！

結果，他真的起程到阿拉斯加去，只是還未到阿拉斯加，就在半途因腦充血而逝世了。

是南極仙翁未有保奏？北極星君也未有把壽添乎？謎一樣的故事也。

籤文用語　具有彈性

其實，「南極仙翁來保奏，北極星君把壽添」這句籤文，是頗具彈性的。上文所提到的財經界巨子在八五年因得到該兩句籤文而去世，固然說它是靈驗了。但我亦見過有人得到該兩句籤文而無恙的，那麼就可說因為有「南極仙翁」保奏，結果獲得「北極星君」添壽了，同樣也不能說他半句話。

而一個人的壽元，以我自己的經驗來說，很多時是有出入的，過去的人則認為這是關乎個人的積德問題。

在《紫微閒話》中我曾提過這事，並以命理名家汪希文的故事來作證。所以說紫微斗數諱言一個人的死亡時間，是有其道理的。

鐵板神數的籤文，最使人奇怪的是，它對六親的情況十分肯定，但對不少有關運程或個性之描寫，卻流於模糊或帶有多少的江湖口吻，所以，我常認為鐵板神數更適宜與紫微斗數結合起來，那麼便可以互補長短。

鐵板神數有些籤文，可是說放之四海而皆準的，如「求之於規矩，自可見方圓」，「大順小逆，順逆不一」，又如讚人的「慷慨熱心腸，為人無鄙吝」，「能克己不能屈己，能饒人不能讓人」等，被算者都會欣然接受，相等於看相算命的讚人家聰明和有義氣。因為就算是最愚魯的人，也會認為自己是聰明的；最奸險的人，也會認為自己是夠義氣的一樣。

再舉一例如倪匡先生曾為文說過，他算鐵板神數，有一條籤文是「文章人不如我，命運我不如人」，他認為很對。但想深一層，這條籤文是對所有文人都用得着的，文章是自己的好，已是文人的共通個性，以際遇來說，一般文人當難與大富大貴者比較。所以「文章人不如我，命運我不如人」，對所有文人來說，幾乎可說都準確。

倪匡先生在文壇上已有一定的地位，際遇亦好，名氣亦大，尚且認為上述籤文準確，對那些鬱鬱不得志的文人來說，當然更有如說出他們的心底話了。

源起何時　尚有爭議

鐵板神數起源於宋代，相傳為邵康節所創，而盛行於清代乾隆、嘉慶年間。流傳至今，鐵板神數同樣分了派別，最主要的分別在有閩派和南派。閩派的籤文只有六千條，而南派的則有一萬二千條。但現在流行在香港與台灣的，都是南派。只是就算在南派中，也有門派的分別，所使用的方法與版本也有出入。

有人對鐵板神數作過考證，認為鐵板神數絕非宋代之產物，並引證其中數條籤文，說它其實是清代才有的。

所引證的籤文，認為最有力的，是其中有一條「黃泉無客店，今夜宿誰家」，考證者指出這兩句是出自金聖嘆的，而金聖嘆是明末清初的人，所以估計鐵板神數的起源，應後於金聖嘆。

這個考證，驟聽起來，似有道理，但我卻十分不同意。

因為不管任何術數，經過相當年代後，只要是它有價值的話，是會日漸豐富起來的，其中的文字到某一個時期，為了適應當時的環境而作一定程度的修改，實在無可厚非。如到清代，中舉之年當然要改為適合當時的科舉制度，到今天，又要適合今日的學制。以前中進士，便是今日的學士學位等。

除此之外，還有一些條文，在業者認為不太好而自行修改的，亦不勝枚舉。我自己擁有幾個鐵板神數的版本，其中有不少條文是經過修改的，只是修改後也不離原意而已。

舉例來說，鐵板神數有些籤文，是極損淪落風塵的女子自尊的，如「一世為娼」等。而我所擁有的其中一個版本，就是把「一世為娼」改為「玉臂千人枕，朱唇萬客嚐」；又如「某年入泮」，改作「某年入小學」等。由於有此類的修改，所以我認為絕不能根據鐵板神數因有「黃泉無客店，今夜宿誰家」的籤文，就說它是清代的產物。否則，若干年後，不難有人說鐵板神數是起源於民國後。

修改籤文　自有原因

鐵板神數的籤文，經過今人修改過的甚多，其中有不適合現代社會的、有過於深奧的，都改為適合現代的詞語，如「某某年鹿鳴宴飲」，今有人改為「考試合格」；「身居翰苑紫微宿」改為進入研究院；「幼年登科」改為中學畢業；「名登金榜」改為考入大學等。

還有一些更改，是為原文過絕，把它改得婉轉點的，如「前生冤孽，今生報之」，改為「前世修來根基淺，今生要把福田耕」；如「為富不仁，到底一場空」，改為「當行仁義，否則一場空」；如「口缺目盲，前生惡報」，改為「口缺目盲，惜哉惜哉」；「數中注定，一生為奴僕」，改為「免為他人笑無志，積德來生可為主」；如「衣冠禽獸，人之恥也」，改為「缺德之事，宜多修正」。

又如對女性的自尊極度有損者，也多被今人改過，如「玉容花貌又妖嬈，行止猶如娼妓」，改為「玉容花貌又妖嬈，行為宜改」；如「楊花水性，朝秦暮楚」，改為「命帶桃花多重，不可盡隨流水」；如「甘作娼婦，不知恥辱」改作「走入風塵乃命定，宜行善積德以益來生」等，都是為了使來算命者不致太難堪。

還有如「偷歡苟合，行同禽獸」，改為「尋歡取樂，男女之事，宜慎其行」；如「兄妹苟合，行同禽獸」，改為「兄妹相愛，有礙禮數」；「晨嫂暮妻，不恥人類」，改為「晨嫂暮妻不相宜」等。

其他還有改不勝改的，就索性把籤文刪去，讓該條數留空了下來，所以坊本的鐵板神數，九千條以後，很多是空白的，就因為很多事，實在是不好算出來。

舉例來說如：「父死未葬，私及庶母」、「殺人放火，強盜行為」、「父子聚麀，前生冤孽」、「為富不仁，多行不義」、「數有不幸，翁媳偷歡」、「此刻生人，心腸惡毒」等，都寧願把它刪去。所以，鐵板神數的一萬二千條籤文，可說「『神』網恢恢，疏而不漏」，而業鐵板神數者要把其中太絕的修改，自有其苦衷。

密碼暗語　輔助記憶

所以，很多人去算鐵板神數，見有些私隱之事沒有算出來，就以為瞞過業鐵板神數者，這是相當錯誤的想法。不但鐵板神數如此，就是其他各門術數，很多時替人算命者也會作一定程度的保留。

亦有人認為鐵板神數的籤文共有一萬二千條之多，任你是最聰明最好記憶力的人，也無法把它全部記下來，那麼，業鐵板神數者如何控制某些籤文可以出來，某些不好出來。

當然，要背誦和記憶一萬二千條的籤文，是極為困難的事。更何況每條籤文都有號碼，一定要連號碼都記得才有用，因此，即使記憶力極強的人，也很容易會記錯。不過，業鐵板神數者卻是有本領控制着某條籤文可以出現，某條籤文不可以出現的。有如說話那樣，某些話可以說，某些話不可說。巧妙的地方，就是他們在算鐵板神數時，手上都持有一張密碼表，這張密碼表全部用甲乙丙丁代替數字，普通人是無法看得明白的，就算給你看，也有如看天書那樣，不知所云。

他們在這張密碼表中，把籤文的類別和號碼都清清楚楚地記了下來。

在記號碼方面，是用以下的方式。

一二三四五六七八九〇。分別以甲丙戊庚壬乙丁己辛癸去代替，而〇更多兩個代號是「支」和「月」。是使用先陽後陰的方法，所以次序就不依甲乙丙丁去排。

在記類別方面，他們就使用暗語的方式：

如父母雙亡，他們就寫着「納乾坤屯卦」；

如父母雙全，就寫着「日月並明卦」；

兄弟人數就寫着「納比卦」；

子女人數就寫着「納艮卦」；

兄弟不和就寫着「比水火爻」；

乾宮甲流度是父的生年，坤宮甲流度是母的生年，金宮甲流度是丈夫的生年，本宮甲流度是妻子的生年等，不一而足。

分門別類　列入表格

在六親方面，業鐵板神數者是分門別類的用暗語方式清清楚楚地用一張表列下來的。他們一看就知道，而你就是看不明白。

因為他們的暗語，既有採用卦名代表六親情況，也有用諧音或字的半形去代表。到現在，更有人用電腦去代替密碼表。

舉例來說，如他們寫着「丙親」的類別，親是取親字的一半，丙在密碼上是二，所以這是說「二親」。

如他們寫着「納后天乾坤卦」的，一般人一定不明所指，原來解釋下來是，納者歸納也，即屬某一類的意思，「后天」是「後添」的諧音，乾坤是父母，那就是說來算者父母方面會超過二人。至於屬於哪一種情況，他們在每個密碼下面再加註如「寸方」、「丙親」、「扁」等字限。

「寸方」就是過房，取其字之半；「丙親」就是二親；「扁」就是偏的意思。

如「納后天乾坤卦」類別中：

戊丙丙壬（寸方）；

就是「三二二五」條，「命當過房繼育成人方合此刻」。

己己丁丙（丙親）；

就是「八八七二」條的「幼年承繼，數該兩處相親」。

乙辛辛戊（扁）；

就是「六九九三」條的「擇賢無方，出身偏房」。

諸如此類，他們在分門別類的密碼中，只要你懂得，是很清楚的。

曾經有人出了一本鐵板神數的書籍，把密碼的情況全部誤解了，還套用甚麼易卦去解釋，也不怕笑死人。就因為懂得鐵板神數的人太少，他盡可把你導入五里霧中。

至於對人生很多事情，鐵板神數的密碼，有些確是十分妙的，極聰明的人亦未必能悟出來。

如他們寫着「妄」字類別的，是「妾」也，取其字形相似；「名火」是「名高也」，火炎上，故取高上之義；「己品」是八品官也，因「己」在密碼上是八；「支金斗」是「資金斗積」的意思，單一個「斗」字，是科字的一半，登科中舉也。

使用暗語 自編密碼

在流年運程中，鐵板神數密碼編類的暗語是「小過卦用事」，取「過」字與「運」字形似。

我曾見過有人把鐵板神數的「小過卦」作為《易經》的雷山小過卦去解釋，總不怕為識者所笑。

在「小過卦用事」之後，就分別編了年，也是使用密碼的。每兩年一欄，由「支甲丙正卦」開始，「支甲丙」即十一、二歲，接着是「支戊庚正卦」，「支戊庚」是十三、四歲，餘此類推，直至「辛丁己正卦」，「辛丁己」就是九十七、八歲。

另外每兩歲運，分作上、中、下三行書寫，上行是正卦，中行是變卦，下行是反卦。

所謂「正卦」、「變卦」、「反卦」，也不是真正的卦，正卦是說那兩年運程不錯，「變卦」是說該兩年內有反覆，而「反卦」則是說該兩年運程不佳。舉例來說，如「庚支辛壬支」，即四十九、五十歲運的正、變、反三卦。

正卦是：壬庚壬乙。即五四五六條的「南北東西無不通，往來有利得相從」。

變卦是：甲己壬丙。即一八五二條的「半之吉，半之凶」。

反卦是：壬戊壬己。即五三五八條的「目下數年時運薄，那堪思就子陵船」。

從上述的舉例可以看出，鐵板神數的密碼表是相當周密的。

但不管它如何周密，凡業鐵板神數者都不用坊本的密碼表。他們都自行再編過另一密碼表，並非怕人客看懂，而事實上，去算鐵板神數的人，亦極少懂得鐵板神數的密碼。

竅門就在這裏了，密碼表是一定要自己再編過的。因為，在師父教識了你如何去算鐵板神數之後，相等於攝影者獲得了一個新鏡頭，這個新鏡頭是要自己調校的。調校得好，則拍出來的效果會特別好，調校得不好的話，拍出來的影像說不定一片模糊。而編寫鐵板神數的密碼表，情形亦一樣。

疑真疑假　大有人在

經過前文反覆說明鐵板神數的密碼表後，大家都應該明白業鐵板神數者是可以控制着某些號碼可以出來，某些不好出來。

而業鐵板神數者，一般都分為兩種形式，一種是即日算好的，他把鐵板神數的一萬二千條籤文交給人客，算出號碼後由人客自己去查和把它抄起來。

另一種形式則是在算準了幾條數之後，就打發人客離去，日後再把批章寄上。

以上兩方式在本港都有人用，前者由於即日算好，自然較為粗略，而後者則較為詳細。前者由於人客自己抄，所以多是連號碼一起抄起來的，而後者則由業鐵板神數者寫好寄出，有些則有號碼，但亦有把號碼全部隱去的，說到對籤文的控制，則後者因為有時間增刪潤飾，自然更無問題。

然而，無論鐵板神數如何準確，對這種術數懷疑的仍大有人在。

特別一些人的出生時刻，在第七刻而至第八刻的，經過多番的查問，反覆的核算後才查出來的，不免對算鐵板神數者有所懷疑。因為若查過十餘條數後，在一般情況下，人客都吐露了不少的真相。因此，詆譭鐵板神數的人便說它是一種「拷口供」式的算命術。

還有一種人對鐵板神數有所懷疑的是，他們本來是佩服鐵板神數在算六親方面的奇準和十分投入的去研究，只是苦無師傳，經過多年的研究之後，給他們破解了鐵板神數的密碼表，知道了密碼表的秘密。但就是無法知道如何起數，到這個時候，如果他氣餒的話，自然懷疑鐵板神數是假的了。

而事實上，坊本的鐵板神數書籍根本無助於研究。所以，真的有人既懂易經、河洛理數、子平命理、紫微斗數等多門的中國術數，經過數十年的鑽研鐵板神數後，而仍然不得其門而入者，大有人在，不服氣的便說它是假的了。

坊本書籍　無助研究

坊本的鐵板神數書籍，我說它無助於研究，已是很客氣的話了。主要原因是它既被人刪去了許多重要和具有關鍵性的資料，更四處設伏地把人誤導，使到拿這些書籍去研究的人，任你如何聰明，都無法入門。

舉例來說，鐵板神數開宗明義說明，必須查準一時八刻，然後可以起數。但坊本卻把查一時八刻的數據全部刪去。

再如對查一時八刻甚有幫助的乾宮甲流度（即父親的生年）和坤宮甲流度（即母親的生年），同樣被刪去。

刪去一切重要的資料，已使人無從入門，而更絕的，他們連數字代號的排列也誤導你，坊本的鐵板神數，對密碼的查閱，它說一二三四五六七八九〇。是由甲乙丙丁戊己庚辛壬癸依次序排列代表的。大家不妨試依它所指示的方法去查密碼表，保證你無法查到正確的答案。

所以，不少人雖然對其他各門術數甚有研究，甚而達到精湛的程度，轉而鑽研鐵板神數，卻可以數十年而不得其門而入，其道理就在此。

我見過不少人用易卦去解釋鐵板神數，用卦的數字去計算，包括使用先天數和後天數，更有人用上河洛理數，到頭來還是一無所得，主要原因是他們欠缺了破解鐵板神數的真正資料，同時也無法摸到鐵板神數的計算方法。

由於鐵板神數的計算方法十分獨特，有很大部份是採取扣入法的，在查得一時八刻之後，就利用扣入法去取數。而這個扣入法，卻不是永恆不變的。

舉例來說，一個人在二十歲時去算鐵板神數，他假如是父母雙全的話，到他五十歲再去算鐵板神數，那麼極可能是父母雙亡或父存母亡、母存父亡等。

從上述的舉例，大家已可清楚知道，鐵板神數在六親中，最重要的一個數父母數是可以跟隨年齡而變的。

數字在變　另有天機

不單只父母數可以隨年齡而變，甚至兄弟數、夫妻數也會隨年齡而變，這是鐵板神數特異之處。

舉例來說，有人在二十歲時去算鐵板神數，當時他只不過是兄弟二人，而算出來的結果也是「兄弟二人，方合此刻」。

不料過了十年後，他父親納了新寵，給他再添了一名小弟弟。而他再去算鐵板神數，所得的結果卻會是「兄弟三人，同父不同母」。

又如有人新婚時去算鐵板神數，妻子的生肖屬馬，算出來的結果是「配妻屬馬」。

至於他是否會剋妻再娶，在這時鐵板神數一般都會隱瞞起來。

假如直到有一天，他的妻子去世了，他再娶猴命的女子為妻，譬如說丙申年吧，這時如果他再去算鐵板神數，所得的結果又會是「玉人有刑，再娶丙申」。

由於鐵板神數在六親方面是只告訴你目前的情形，並沒有告訴你將來的演變，所以才有人說鐵板神數是「靈前不靈後」的術數。

至於鐵板神數是否「靈前不靈後」，暫不予討論，但從上述的例子，大家應該明白鐵板神數的數，在人生中是會隨着年齡而變。

至於它如何變，大家不妨細想一下它的關鍵所在。我因為見過有人整天拿着一個人的八字去研究，去拆鐵板神數的數字，未有兼及其他「資料」，結果拆來拆去一無所得。而這個方法，只要大家細想一下前面所述的事，就知道是行不通的。因為一個人的四柱八字是固定了的，幼年時是這樣的八字，晚年也是這樣的八字，如何能適應前面所說的數字的變？所以，要適應這個變，必然要兼及其他「資料」，可以明矣！

由於懂得鐵板神數確可使人能在江湖上混得不錯，所以，懂得此數的人，都嚴守秘密，等閒不外傳。是故，要獲得它的「資料」，就難乎其難了！

真中有假　假中有真

江湖上一直相傳鐵板神數有真有假，除了真的鐵板神數之外，假的又如何去弄虛作假呢？

關鍵就在於鐵板神數的坊本有一個密碼表，破解了這個密碼表的人，如果他們具有另兩項條件之一，都可以為人算鐵板神數，這就是真中有假，假中有真。

這兩項條件是甚麼條件呢？

第一，他們雖然對鐵板神數的起例完全不懂，也不明白甚麼「爻從三十起，乾卦六為頭」，但對某門術數卻有一定的造詣，如子平命理或紫微斗數等，從他們所熟悉的術數已能算出一個人六親的概略情況，但為了能達至更肯定的程度，他們就利用鐵板神數查一時八刻的方式去查，到查過十餘條數之後，通常人客不多不少都已吐露了相當多有關六親的情況。到他們胸有成竹之時，自然父母存亡、兄弟人數等六親情況都能切中了。

到算運程時，他們用鐵板神數的「小過卦用事」，配合自己本身所用術數計算所得，同樣可得到甚佳效果。

但這種弄虛作假，本身一定要對某門術數具有一定的造詣。只是，如果真的對某門術數已有一定造詣的人，他們又多不肯這樣去做。因為，用本門的術數，不管是哪一門，如真的具有功力的話，已有相當號召力了，又何必去假託鐵板神數。

第二項條件是，他們可以甚麼術數都不懂，但第六感極強。

據說，學禪的人，到修到相當功力的時候，有「天眼通」的本領，可以達到能知過去與未來的境界。這種人如果拿着鐵板神數的密碼表，懂得其暗語與分類的話，自然可以揮灑自如了。

只是有這種本領的人，據說因為修行了相當時日，而他們亦每多不肯替人看相算命，自然亦不會替人算鐵板神數了。那麼，假的假在哪裏呢？

葫蘆裏面　賣甚麼藥？

當然，在江湖上，無論哪一門術數，濫竽充數的人極多，而充鐵板神數的人較少，原因就是一般人要破解鐵板神數密碼表的秘密也不容易。

假的鐵板神數就是業者並無上文所提到的兩項條件，連「假中有真」都未能做到，純粹靠以一時八刻「拷口供」式的查問人客，到有了一定的答案之後，然後利用密碼表把條文一一翻出來。這種人由於欠缺術數的基礎，亦無第六感，所以，到算運程之時，自然是一塌糊塗了。

我曾經算過三次鐵板神數，現在把過程說出來，至於是真是假，還是真中有假，假中有真，讓讀者判斷。

有一次，我聽朋友說某處有人算鐵板神數，便整裝而往。

抵埗後坐定，業者是一位青年人，年紀約三十餘歲。道明來意後，最出我意外的，是他力勸我不要算鐵板神數，而且說一些迷信的話，說甚麼批命批得多會批薄等。但卻說可以替我看掌相。

我本來就不信甚麼批命會批薄之類的迷信，而且我的目的是要看看他的鐵板神數的本領。所以，我就婉轉的對他說，看掌相是不必了，但願能一算鐵板神數。

不料他堅決的不肯替我算，接着就大談掌相及替我看相。至此，我無意逗留下來，起身告辭，並問應予潤金多少，結果他說因為未有替我算，所以不收錢。

另一位則是一位朋友替我約時間的，我依時前往，地方十分雅潔，坐下報上我的出生時間後，接着查過十多條數，都不對。結果他說我的出生時間可能有誤，要我回去查清楚再來算。

而事實上我的出生時間是十分準確的，在算以上兩次鐵板神數之前，我曾在某處算過一次鐵板神數，父母、兄弟、配妻等方面都十分準確，而且很快就查出來，那麼，上述兩人是賣弄甚麼玄虛呢？葫蘆裏賣的是甚麼藥？

行家來算　洞燭先機

後來，我把前文所述的情形告訴一些在術數方面甚有修養的朋友。據他們的分析，第一位勸我不要算鐵板神數，改而說替我看相者，相信是不識鐵板神數，縱使識也可能識得很少，掛鐵板神數的招牌目的在哄人上門而已。

另一位在查過十餘條數後，發覺都不對而不肯再算者，據分析就有兩個可能性。第一，他的本領亦非高強，而我吐露的真相又太少，所以就說我的時辰不對不替我算。

而第二個可能性則是他在鐵板神數上確有相當造詣，查過十餘條數後，已發覺我原來也是懂術數之人，因此，防範與警惕之心倍強，便託詞說我的時辰不準而不替我算。

以上兩個可能性，純是猜測而已，是否如此，就只有他們自己知道了！

不過，鐵板神數對一個人的職業及懂得些甚麼，很多時都能查得十分準確，而這也是鐵板神數奇妙之處。

舉例來說，在我第一次去算鐵板神數時，對於我的職業，就曾有這樣的批註：

一三七一：不作生涯不耕田，還從筆裏度流年。

是說我既非生意人，也非耕田的農夫，是搖筆桿度日的人，可說十分準確。

至於說懂術數或以術數為職業的人，鐵板神數是有多條數可批出來的。如：

一〇八四：風鑑通神人共仰，伏遇提攜興起家。

七四九六：鐵筆一枝寫盡人間禍福，銅錢三個預知世上乾坤。

一〇八七五：子平理數皆通曉，不若此數可傳人。

一〇八六五：藝精風鑑，術傳麻衣。

一〇四五五：術繼柳莊，神傳風鑑。

其他尚有幾條，大約如此，所以說鐵板神數能算出是行家來算，是並不出奇的。

本子條文　各家不同

有一位署名「雲山故友」的讀者來信，他説他與已故的鐵板神數名家阮閒雲先生是十分要好的朋友，阮閒雲先生亦曾借鐵板神數的一萬二千條籤文給他抄。所以，他擁有一萬二千條足數的鐵板神數籤文。

而他發覺某鐵板神數家所用的籤文，與他所有的本子大有出入。所以，他懷疑某鐵板神數家所用的籤文是杜撰的。

有關這點我似乎應該好好的説明一下，鐵板神數縱使雖然是同屬一派，也有分家的現象，而各家所擁有的籤文很多時都不相同。

舉例來説我就擁有幾個鐵板神數的版本，都是名家留下來，一萬二千條足數的，所有空白的條文都由名家補足，但條文的內容卻有很大的出入。

如坊本的九〇四七條，本來就是空白了的，但吳師青本卻補上了「夫小五年」；

馬翰如先生的則補上「母親何日逝，金水是歸期」；而阮閒雲先生卻補上「數有偏枯，妻帶微病」。

又如九〇七八條，坊本也是空白的，吳師青所補上的條文是「廿三歲洞房之年」；而馬翰如先生所補上的則是「未時四刻生」；而阮閒雲先生所補上的，卻是「一兄又一兄，昆弟三人」。

再又如九九七二條，坊本也是空白的，吳師青所補註的條文是「身典探花，數由前定」；而馬翰如先生所補註的是「華山事業宗莊老，希夷何處不達觀」；至於阮閒雲本，所補註的則是「穿牆之客，樑上君子」。

從上述幾條條文的補註，可以清楚看出鐵板神數各家所使用的本子不同。而且，此種例子多至不勝枚舉，可以同一個號碼，但所敍述之事可以相差極遠者。

所以我們不能因為某鐵板神數所用的本子條文與自己所擁有的不同，便懷疑那些條文是他杜撰的。

所謂「各師各法」，在術數方面這種現象十分普遍。所以，凡事客觀點，自有更大的收穫。

神數口訣　要旨難領

從各名家所補註的條文有很大的出入，心思縝密的話，已可以了解到鐵板神數的一些內幕，而且其中亦透露了一些消息。

只是一般人除了坊本，實在不容易搜集得各名家的手抄本而已。

署名「雲山故友」的讀者，幸運的獲得了阮閒雲先生的一萬二千條補足本，也由於他只有阮閒雲的版本，所以，他就以為所有各家用的本子都是一樣的。結果，因鐵板神數名家算出來的籤文，他在自己的版本中找不到，就認為人家的籤文是杜撰的，而且寫信來告訴我，並帶有譴責的口氣，說我在支持僞本，「為虎作倀」。

已故的吳師青先生、馬翰如先生、阮閒雲先生，當年在術數界上都有很大的名氣，而他們各人所擁有的鐵板神數的版本，在補註的條文上都有很大的距離，那麼是誰正誰僞呢？若依「雲山故友」讀者的看法，那麼吳師青的與馬翰如的都是僞本乎？補註的條文是杜撰者乎？希望「雲山故友」讀者去細想一下。

鐵板神數用的扣入法，實在是十分微妙的，如無師傳，就很難知道其竅門所在。

至於鐵板神數所標榜的一條口訣：「爻從三十起，乾卦六為頭，兑為後少女，集中一網收，變知六百止，世應兩同儔，遇十須不用，玄玄妙法周，當看多寡數，及止悉因由。」一般人對着這條口訣，都不知道它在説甚麼，也有不少人費盡功夫去解拆這條口訣，經年而仍然不得其要領。那麼，這條口訣是否真的如此費解呢？

不久前，有人以高價錢出售一套鐵板神數的講義，有朋友購得後苦研多月，結果仍是一知半解。他在氣餒之餘，便把那套講義送來給我，希望我為他鑑定一下真偽。

那套鐵板神數的講義是真是假。我暫不予評定，但可以介紹它教人使用上述那條口訣，甚麼是「爻從三十起」，甚麼是「乾卦六為頭」，讀者不妨依他的方法去算，然後再作評定！

先排四柱　後得卦數

根據那套鐵板神數講義，它對鐵板神數的口訣解釋如下：

「爻從三十起」，是子平命理的四柱，任何一柱均可將天干與地支化成卦，而卦中又分陽爻與陰爻，陽爻是子寅辰午申戌；陰爻是丑卯巳未酉亥。所代表的數字是子丑為三十，寅卯為六十，辰巳為九十，午未為一百二十，申酉為一百五十，戌亥為一百八十，也就是說每三十的加上去。

如上卦是乾，下卦是兑，照以上將各陰陽交相加，所得的數是四八〇。而「乾卦六為頭」的意思是乾卦以六為頭，但並非加上四八〇之上，而是放在上述數字的前邊，變成六四八〇。

再而「兑為後少女」的意思是，下卦的卦數是不加反減，如上述下卦的兑，也就是七，就要將六四八〇減七，因而變為六四七三，翻查條文便是：立之堅固，未可動搖。

以上所舉的例子上卦是乾，下卦是兑，即天澤履卦，如甲辰、壬辰均是得此卦。如上下卦不同，則亦依上述方法去變而已。

而其他幾句的口訣：「集中一網收，變知六百上，世應兩同儔，遇十須不用，玄玄妙法周」，是另有一方法計算。那是得到某一卦後，以太玄數的甲己子午九去計算，但遇到十數則不用，舉例如得到水地比卦，上卦是坎卦，卦爻是戊子、戊戌、戊申，分別為十四、十、十二，遇十不用就是不用十數的那一爻，相加起來便是二十六。下卦是坤卦，卦爻是乙卯、乙巳、乙未，分別為十四、十二、十六，相加起來就是四十二，將上下卦數併起來，但並不是加起來，就成為二六四二，翻查條文就是：豐年糧足，家室安康。

照以上的方式，任何一個人的四柱，均可得到八條數。而且是不須查出生時間的刻分。據介紹說這方式只能查出一個人一生的要事，至於查流年，它又有另一個方法介紹。

取數方法　月日時年

至於查流年，它卻採用另一種不同的方法，而且甲乙丙丁所代表的數字也不同，分別以甲己乙庚作為四數，丙辛作六數，丁壬戊癸作三數。

四柱八字排開之後，只取天干數與年支數，年支所取的是河洛數的相加，如亥子一六水則作七算，巳午二七火則作九算，餘此類推。

同時他還清楚說明鐵板神數之取數法，是從月干開始取數，是為第一個數字，然後才到日干、時干和年干。

舉例來說如有一個人的八字是丁酉、甲辰、庚戌、丁丑，那麼依上述的方法取數，便可以得到四四三三，再加年支「酉金」的河洛數四九，也就是說再加十三上去，於是便得到四四四六，翻看籤文便是「六十五、六十六歲，夫當登科，老來之榮」。

這是說一般的排法，但如一個人進入了大運之後，它又有另一個排法，是把大運之數，一如上述之取用方法，加上月支去。假如上列命造進入癸運，癸是三數，加進第一個數去，便成為七四四六，翻看籤文便是「三十三歲，雲暗月明，花開雨晴」。

遇到一個人的四柱八字天干有化合時，則上述方法又有所改變，如遇到甲己合、乙庚合、丙辛合、丁壬合、戊癸合等，甲己合化土作為一數，乙庚合化金作為二數，丙辛合化水作為五數，丁壬合化木作為三數、戊癸合化火作為四數，而且合起來的時候，是兩個數同時改變的，如甲本來是四數，己本來也是四數，但甲己相遇的時候，兩者同時變為一數。

舉例來說如有一命造八字是己亥、甲戌、庚戌、丁丑，根據上列方法，本來是四四三四的，由於甲己合便變作一四三一，加上年支亥水的一六數，便成一四三八，再如進入大運為癸，癸是三數，加入第一個號碼，便成為四四三八，翻看籤文「六十一、六十二歲，子當入泮」。以上的排算方法成績如何，且聽我的見解。

精髓部份 含糊帶過

前面所介紹的兩個鐵板神數的取數方法，都是不必經過考定刻分的。我曾一再反覆試驗，覺得這兩個方法實在有很大的破綻。

如第一個方法以命造四柱，分別取卦，能夠得到八條數的方法，我就認為是成績極低的，用來算一個人一生的要事，輸與紫微斗數遠甚。而且假若遇着有人的八字四柱或三柱、兩柱相同之時，豈不是數有重複？

舉例來說如遇到「天元一氣、地物相同」的八字，如「壬寅、壬寅、壬寅、壬寅」，在這種四壬的八字，依上述方法，則只能取得兩條數，其他的盡屬重複了。

再說它入大運時的排法，也不很合理，因為不管它用甚麼方法，都是沒有顧及月支、日支與時支，只有加入年支的河洛數。

照那麼來說，六甲日生人或六乙日生人而至六癸曰生人，要是同年同月，日干相同就運氣完全相同？

舉例來說，甲子日生人與甲寅日、甲辰日、甲午日、甲申日、甲戌日生人，所得的數完全一樣。

而每一個甲日相距達十日，如甲子日與甲戌日，照子平命理來說，甲子與甲戌的分別實在是很大的，但依上述所謂鐵板神數的流年大運方法來算，所得的數卻是相同的，這又如何說得過去？

由於鐵板神數的支派和分家很多，我不敢說上述方法不是某一家所採用的方法。不過，成績並不突出，並不能顯出鐵板神數的精華所在。若依上述方法來算一個人的運氣，它不單只輸予紫微斗數，而且輸予多門其他的中國術數。

在那份講義的後半部，雖有介紹考查刻分的方法，但實在太簡略，縱使你有極好的術數基礎，考定刻分之後，也不能扣入得多少條數，而且犯駁之處甚多。

上述那份鐵板神數的講義，我認為只有參考的價值而並無實用的價值，因為鐵板神數算六親的精髓部份，只是含糊的帶過。

先天卦數　精華所在

由於鐵板神數推算六親情況之精確，可以達到使人驚訝的程度。所以，我常說鐵板神數之精華所在，就在此處。而鐵板神數之能成為業者養身立命的一種術數，也是靠這方面的成就。

而懂鐵板神數的人，比較懂其他中國各門術數的人更為珍惜本門的術數，等閒不易傳徒，就算你與他相交甚深，他同樣守口如瓶，不會透露任何口風。

以鐵板神數為業者，不但足以養身，而且每每收入甚豐。以下有一個故事足以證明：

我認識一位以鐵板神數為業者，相交多年，每次出外飲宴，他總不肯讓我付賬，每次他都對我說：「我人在江湖，收入比你好，理應由我付賬。」有一次，在閒談中，他向我透露，有一位頗有名氣的星相家，游說他教他鐵板神數，願意付給他三十萬元。

三十萬元可說是一個不小的數字，但這位朋友仍然拒絕了。由此可見業鐵板神數者要賺三十萬元，並非一件困難的事，否則相信這位朋友早已收他為徒了。

現在回說一下那本鐵板神數講義，前文說這講義的價錢很貴。是數千元而已，貴甚麼地方呢？貴在它透露的消息太少，使人擁有這份講義仍然未知鐵板神數之精竅所在。有不少看過這份講義的朋友問我，寫這份講義的人是否真的懂得鐵板神數呢？

對於這個問題，我不會武斷的去下結論。但無論如何，我卻相信寫這份講義的人應該是懂得鐵板神數的，因為在查刻分與扣入法，他已透露了一點消息，只是寫得太含糊，使人在應用時易走錯路而已！但他在寫後天卦時卻寫得甚為詳細，與寫先天卦的手法大異其趣，所以，我認為他是有所隱瞞。而我常認為，鐵板神數的精華所在，就是在先天卦，也即論六親的部份。至於後天卦如「小過卦用事」等，在細緻程度上應該還不是紫微斗數的對手。

六親方面　最為準確

一如中國其他各門術數一樣，懂得鐵板神數者，既有門派之別，也有高低之分。現在，不妨刊出幾位名家的批章，讓讀者去評定或者研究。先刊出的是較簡略的批章，接着才刊出較詳盡的批章，而且所屬門派都是不同的。以下是一個女命，四柱八字是：丁亥、丙午、癸酉、甲寅。在一九八三年癸亥年推算。

五八五六：此刻生人，雙親堂前並茂。

九二六四：父母同屬虎，先天注定。

四二八七：姊妹雖成行，情懷有短長。

三四七一：好似陰陽界，仍有魚雁通。

（按：這位女士姊妹七人，除她本人外全部在大陸，時有通訊，所以亦算準確。）

一〇七四三：夫命辛未生，姻緣應注定。

三〇三三：夫妻終身伴，琴瑟應知音。
五六八八：相敬如賓，甘苦共享。
二七九一：中年得子莫嫌遲，唯喜遲兒慶有餘。
二三一〇：兒女皆成材，晚運笑眼開。
九五九七：有祿有財過晚景，無憂無慮過晚年。
七七一七：借問一聲身外事，鼠年是歸期。

從以上的這個批章，可以看到父母方面相當準確，這位女士的父母是同年（同屬虎年）出生都算了出來。但姊妹人數則只說「姊妹雖成行」，可說很多，但未能算出共有七人。

婚姻方面，卻又算是準確，這位女士的夫婿確是辛未年出生者。

子息方面，何時生子未有算出來，只是說很遲得子，這也算準確。

至於兒女皆成材，晚運甚佳，鼠年是歸期，那是日後的事了。

在論流年大運方面，更付闕如，是一份十分粗疏的批章，不過這是在即日算妥的，也不能太苛求了。同時也顯露了鐵板神數首本戲，是勝在六親方面之特別準確。

門派不同 條文有異

前文所刊出的批章，有幾條籤文是應該提出來一說的。

如四二八七條「姊妹雖成行，情懷有短長」，在坊本的鐵板神數是空白的，馬翰如所補註的是「借問父親何日逝，年逢木金是歸期」。而阮閒雲所補註的是「官至總督，至尊至貴」。

又如三四七一條「好似陰陽界，仍有魚雁通」，在坊本的鐵板神數也是空的，但馬翰如的本子卻補上「寅時四刻生」，而阮閒雲本卻補上「數定工商業，遠近皆知名」。

再如三〇三三條「夫婦終身伴，琴瑟應知音」，坊本也是空白的，馬翰如的本子補上「子時七刻生」，而阮閒雲的則補上「夫配牛命，可許偕老」。而五六八八條，坊本是有的，但卻不是「相敬如賓，甘苦共享」，坊本是「其人之亡，定在四月」。

二三一〇條坊本也有，內容卻一樣有很大出入，坊本所註的不是「兒女皆成材……」，而是「數中十人，送老七人」。

至於最後的七七一七條「借問一聲身外事，鼠年是歸期」，坊本的條文卻是「命有六子，得以送老」。從以上的各條籤文，大家應該可以看出，鐵板神數的籤文內容是十分不統一的，不單只不統一，而且內容可以差距極大，由「姊妹成行」可以變作「父親何日逝」，再而變至「官至總督」者，你說奇怪不奇怪？難怪「雲山故友」寫信來給我，說我支持偽本，「為虎作倀」，是他不知道鐵板神數原來是分家分得這麼厲害的。而我也經過多年不斷搜集鐵板神數的資料，和搜集得不少名家的批章，窮年累月廢寢忘餐的去研究，才發現了鐵板神數的秘密和竅門的。從上面所述的現象，大家都應該明白到，鐵板神數由於分家的關係，起數方法是各人不同的，而且並非「異途同歸」，必須把籤文的內容修改來遷就。同時，我們更可知道，這門術數如無師傳，要自己去鑽研，實在是談何容易。後文再續刊幾位名家的批章，以增加大家對鐵板神數的認識。

阮氏條文　坊本多有

以下列出的是一位女士的鐵板神數批章，是於一九七七年丁己年由阮間雲（即雲山居士）所批的。

這位女士姓陳，四柱八字是：乙亥、乙酉、辛卯、庚寅。

阮間雲先生的批章，一般都附有河洛數的卦，此造是火風鼎卦變作風山漸卦，並註明推定為寅時五刻生人。

四四八二：北堂萱草得長年，風折椿枝定在先。（按：即父死母存）

七一六一：注定坤人無姊妹，閨中獨秀稱大奇。

一〇六三三：夫命己巳生，姻緣定數。

四二八五：夫妻反目，乖戾不和。

三三八五：妻能助夫欠和諧。

天綱披奇談

四九二二：尋常同一樣，不必別姻緣。（按：雖然不和，但沒有離婚。）
四〇八三：夫妻偕老，數由前定。
三九〇三：有子當貴，貴者是次。
五一六一：數有三子，二子送老。
以下接着是多條有關個性與事業者，多屬褒獎之詞，如：
二二五五：歷事能幹，持家有方，雖是風火性，治事最溫良。
九五五八：相夫子以富貴，歷甘苦以辛勤。
二六一四：可惜是個女流輩，也有良人不及她。
九〇三三：賢閨表率，女中丈夫。
接着是批她的財運和壽元，計有三條：
七四二八：刑傷於早年，發福於中運。
二九五一：財帛豐盈，一世無憂。
五三九七：壽至六十七。
如此云云。

再接着還有流年逐月的分評，可說是一個十分詳細的批章。計批至五十二歲年丙寅年（即一九八六年）為止，然後寫「以後流年待再批」。

阮閒雲批章的籤文，絕大部份是可以在坊本中找到的，對鑽研鐵板神數者有很大的幫助，但此批章又出現些甚麼問題呢？

神數排列　井然有序

前文所刊出的一位陳女士的批章，可以提出來討論的條文計有二條。

一〇六三三：夫命己巳生，姻緣定數。

坊本這條籤文是印錯的，內文是：夫妻同己巳生，姻緣定數。

何以這麼肯定是印錯的呢？因為鐵板神數推斷父母生肖或夫妻生肖等，號碼多是隔十而排，先陽後陰。

如一〇六二三條是：夫命丁巳生，姻緣定數。

那麼一〇六三三條就是夫命己巳生，姻緣定數。而到一〇六四三條，就必定是夫命辛巳生。

是每隔十個號碼，依甲丙戊庚壬乙丁己辛癸先陽後陰的方式去排，井然有序。

所以，坊本一〇六三三條的條文肯定是印錯的。諸如此類的坊本錯字，在熟習鐵板神數後都可一一校正。

又在這批章中，三三八五條，原文應是：「家業資財妻帶來，妻能助夫欠和諧。」但阮氏在批章中卻刪去了第一句，不知原因何在。可能他防此批章給陳女士的丈夫看到不甚好，所以刪去第一句，不過這只是我的猜測而已。

在全份批章中，有一條數是在坊本中找不到的，也是說有號碼但條文是空白的，那就是九〇三三條，阮氏在批章中用了「賢閨表率，女中丈夫」之句。

對此條文我查過吳師青的補足本與馬翰如的補足本，內容有很大的出入。吳師青的九〇三三條是：父命庚子生。

而馬翰如的補足本卻是：蓬高棲鳳凰，瞻望前堤柳。

在此我不妨提醒讀者注意，坊本是由九〇〇三開始，每隔十數至九一〇三都是空白的，吳師青就把它用作父命的生年表，但因不足容納六十花甲，他就由九一一三開始，每隔十數，把原來的內文改為父命的生年，至足夠容納全部生年為止。至此，我們應該明白為甚麼業鐵板神數者要自己編過密碼表了。

變錯卦爻　仍然準確

所搜集得的阮閒雲的批章中，有兩份十分奇怪，其中亦透露了一些鐵板神數的消息。

這兩份批章是同屬一人的，只是批章的時間不同。

一位姓周的朋友，四柱八字是：壬戌、己酉、癸卯、丙辰。

他在三十二歲時（癸巳年、一九五三年），到阮閒雲那裏去推算。推定是辰時三刻生人，以河洛數配卦得先天卦為天山遯卦，初爻變，變作火天大有卦。

六親自然推算得準確，所得條文如下：

五八五六：此刻生人，堂前雙親並茂。

八六八九：分有前母，生我後母。

二九七三：兄弟四人方合。

六九二九：兄弟五人，同父不同母。
九〇三二：妻小二年，姻緣注定。
六九一四：四子送老，三子挺秀。
五六三〇：六旬欠二入冥鄉，雖效孔明拜年難。
還有很多條流年運程的數，且不去論。
而最奇怪的是，這位周先生隔了九年之後，也就是在他四十一歲之時（時為壬寅年，一九六二年），再去找阮閒雲推算。
四柱八字當然是一樣，但阮氏卻推定他出生的時刻為辰時二刻五分，與上次推算的三刻出生已有出入。
更奇怪的是在變卦時，阮氏竟然變錯了，先天卦同樣是天山遯卦，辰時生人應該初爻變，但不知如何阮氏卻弄錯了四爻變，變作山風蠱卦。凡識河洛數的人都知道這是錯的。
妙就妙在這裏，他推算出來的六親情況同樣準確。所得條文分別為三八〇九：此刻生人，雙親俱全；八六八九：分有前母，生我後母；六九二九：兄弟五人，同父不同母；九七六七：妻命甲子生，姻緣注定；五三三一：數有六子，四子送老；六四五九：問君陽年何日止，六旬加五是歸期。這兩份批章，分別在哪裏呢？

先天卦同　六親俱準

上文所述的兩份批章，同屬一人，但批算時間相隔九年，結果算出來的出生刻分竟然不同，其一是三刻生人，另一是二刻五分生人。同時先天卦雖然一樣，但第二次變卦卻變錯了，後天卦前者是火天大有卦，而後者則為山風蠱卦。

照說有這麼多的誤差，以其他各門的術數來說，應有很大的距離才是，但兩份批章，在六親方面卻可說是一樣的，也同樣準確，只是起數不同。

前者起數是五八五六：此刻生人，堂前雙親並茂。

後者是三八〇九：此刻生人，雙親俱全。

兄弟方面，前者說明同父母的兄弟有四人，但一樣有說明兄弟五人同父不同母。

至於婚姻方面，前者算出妻小二年，後者算出妻命甲子生，可說同樣準確。因周先生是壬戌年出生的，妻小二年就是甲子年生。

子女方面，前者說四子送老，三子挺秀。從者則說數有六子，四子送老。差別亦不大，同樣是四子送老也。

但壽元方面，兩者就出現差距了，前者是說「六旬欠二入冥鄉」，也就是說他只有五十八歲，但後者卻算出「六旬加五是歸期」，是說有六十五歲。

此外，所有條文都是坊本有載的，但「兄弟四人方合」那一條，阮氏抄錯了號碼，因為二九七三並非兄弟四人，而是「四十五、四十六歲，心之憂寂，最難度日」，是屬於「小過卦用事」之卦。至於「兄弟四人方合」的條文，翻查密碼表，應該是七九七三才對。

至於七九七三如何變成二九七三，我相信是阮氏一時大意抄錯而已。因為這數在「納比卦」中的密碼表是有的，不容易出錯。

從以上兩份批章的分別，聰明的讀者總應該可以悟到一點東西出來，先天卦相同，六親都準確。後天卦不同，則所歷運程與壽元都有別。至於如何入數，也可從這裏尋得端倪。

兄弟卦中　自有天機

上文提到的「納比卦」的密碼，也即兄弟人數的密碼，在鐵板神數的書籍中，每個密碼之下都加註有甲丙戊庚壬等小字，這是用來說明兄弟多少的。舉例來說：如丁丁乙庚、戊己丁支、戊己戊支這三個密碼，下面都有一個小小的甲字，那就是說只是隻身一人，並無兄弟，翻查條文是：

七七六四：隻身一人，方合此刻。

三八七〇：此刻生人，必無兄弟方合。

三八三〇：必無兄弟方合此刻。

再而下去是丁壬庚甲，下面註有丙字的，也就是說兄弟有二人，翻查條文是七五四一，兄弟二人，方合此刻。餘此類推，直至戊乙庚己，下面註有一個小小的「支」字的，支字在密碼上代表十，也就是說兄弟十人。翻查條文是三六四八；兄弟十人方合此刻。再下去便是甲辛丙支，下面註着的小字是「支餘」，也即十餘的意思，翻查條文是一九二〇：兄弟十餘之外，方合此刻。

這個兄弟數目是排在先天卦部份的，是不規則的數。

另外還有兩組的兄弟數，則是有規則的，如由辛己丁戊，即九八七三起，是為兄弟二人，以後每隔十數便是增加一名兄弟，如九八八三是兄弟三人，九八九三是兄弟四人，九九〇三是兄弟五人，直至九九九三兄弟十四人為止。

而另外一組數是甲甲乙月戊起，即由一一六〇三起，是為兄弟二人，同樣每隔十數即增加兄弟一人，如一一六一三為兄弟三人，一一六二三為兄弟四人，一一六三三為兄弟五人，但這組數卻是至一一六七三兄弟九人即告終止的。

從上面的分析，我們知道兄弟數在鐵板神數中是分有三組數字的，如七五四一、九八七三和二六〇三，都是兄弟二人。至於甚麼時候出現哪一組數字，自然是有其天機在內了。

批章條文　坊本全有

我們不妨又再看看另一個批章，是一位姓吳的朋友於一九四五年（即乙酉年）由高州寶鏡台所批的。

四柱八字是：庚申、己丑、癸未、癸丑。

四四三七：此一刻生人，父先亡於屬金之年。

七六五九：兄弟三人，方合此刻。

一〇一九七：妻命庚申生，姻緣注定。

三三五〇：頭長連胎終是虛，三旬之外子入數。

六四七六：一手受傷，命中帶來。

九三二六：齊眉稱舉案，戒旦有雞鳴。

八八三四：問文無益，問武有餘。

一〇七九六：捐運糧千總之職，榮樂終身。
四三八三：二十六歲，謀之事事非，相助強扶持。
八四九五：廿七歲，三九年來運已通，成家立業自興強。
九四二二：廿八歲，人口平安家財旺，海棠不與舊時同。
一九九五：廿九、卅歲，紅鸞相照喜盈門。
二〇八二：卅一歲，生子之年財路亦佳。

接着的全部是歲運的卦，也即所謂「小過卦用事」，直至最後一條有關壽元的，是四二二〇：六十五歲，蟬聲斷續送人矣，一去無蹤莫計程。

此份批章，全部條文都是可以在坊本中找到的。是我所見過所有的批章中，第一份全部條文坊本有載的，既沒有用與人不同之數，也沒有用空白條文的補足數。一般研究鐵板神數之人，最喜歡找這類批章來研究，因為每條數他們都可以在坊本中找到。

只是這份批章，缺點在於沒有說明是哪一刻生人，無疑成為研究者的一項障礙。這份批章是我在兩年前得到的，由一位對術數十分發燒的朋友送來給我的。只是不知如何，我總覺得這份批章不合我的心意，實際情形如何，我也不想說出來。下文將刊出在香港極具名氣的鐵板神數家所批的批章條文，讓讀者參考。

一字記之　成為特色

在香港，有一位名氣很大，收費亦很貴的鐵板神數家，本港不少紳商名流都去他那裏算過。這位先生所批的批章，我也搜集了很多份。只是，這位先生的批章，並無助於任何研究鐵板神數者，對初學識鐵板神數的人，簡直如大海撈針，因為在他的批章中，除了四柱八字和出生的刻分外，既無河洛數配卦，條文亦無號碼。

而且，他號稱自己所擁有的條文是孤本，縱有號碼亦與坊本不同，讀者如果拿着他的批章來研究，自然無從着手。

我看過他多份的批章，其特點是：

（一）父母生肖不一定有。但存亡一定準確。

（二）兄弟姊妹生肖卻每每齊備。

（三）配妻或配夫生肖，何時生子，都能算出。

（四）有情婦或情夫同樣可以算出。

而最特別之處，在他所用的條文中，最多用「一字記之曰甚麼」，都是坊本中所無的，在其他鐵板神數家所使用的本子中，我亦未見過有這等條文，舉例來説如：

一字記之曰四，住不得買不得。

一字記之曰六，行不得。

一字記之曰海，適可而止。

一字記之曰香，德業繁榮。

一字記之曰郭，得意非凡，疏不得。

一字記之曰珍，戀不得。

一字記之曰李，當止則止。

一字記之曰夷，來而往，彼止幫。

其中如「一字記之曰珍，戀不得」這條文，中間的「珍」字，很多時變換其他的字，如「琴」、「玲」、「華」等，不一而足。其他如「一字記之曰六，行不得」，其中六字也是可以轉換的。

至於壽元方面，亦極少註明是哪一年，遇有難關的一年，則多用「南極仙翁來保奏，北極星君把壽添」。

這是相當獨特的一派鐵板神數，所用的條文，每與坊間的距離甚大者，但它同樣有它的準繩度。

八字配卦　各師各法

至於在鐵板神數上享有盛名的馬翰如先生，他算鐵板神數的方法又與前述各人不同。

據他在所著的《易元會運》的序文中說，他在十八歲時，偶遊山寺，遇一長老，鶴髮童顏，飄飄然若仙，自道其姓氏為沙某。馬翰如先生就是從他那裏學得鐵板神數的。

馬翰如先生的批算，在他所著的《易元會運》中，就刊有五份命譜。他的鐵板神數特點在哪裏，容後討論，現在看他批出的第一份批章：

父命、癸未。母命、乙酉。接着是四柱八字，丁未、庚戌、乙卯、丁亥。再註明命叶亥時一刻離宮同人卦初九爻推。流年乾之上九爻起推。

他批命的方式是一氣呵成，而且不附號碼，如上造的批章，內文就是「父先亡，母後喪，易數先知。試問父親何日逝，金木之年是歸期。若問母親何日逝，年逢金水是歸期。兄弟四人，易數先知。妻小五歲，姻緣注定。一妻一妻又一妻，三度見佳期。先花後果數當然，前妻不結子，後妻未開花。玉人有刑，再娶乙卯，生子偏宜先生女，二胎三胎亦相同。數有三子送終……借問一聲身外事，八旬加三是歸期」。接着就是大運的批註，如己運：徒有表面春風景，不知內心煩惱多。酉運：臀無膚，其行次且。牽羊悔亡，聞言不信。園內花千朵，愁驚午夜風。戊運：一件惡煩惱，翻成大吉祥。是非擾人，無從逃脫。一直批至數終為止，再附上流年值卦。

馬翰如這份鐵板神數的批章，特點在哪裏呢？第一，他是把父命與母命同時列入，那是先要查出父親是哪一年出生和母親是哪一年出生。

同時，他說明命叶亥時一刻，離宮同人卦初九爻推。

凡識河洛數的朋友，都應該可以查出此命造並非天火同人卦。由於天數是二十八，地數是四十，陰年生人，應該是水雷屯卦才對，可見他不是用河洛數配卦的。

批註大運　借用易經

上文刊出的馬翰如先生所批批章，天數是廿八，地數是四十。亦即天數是三，地數是一，陰年生人，自應是水雷屯卦。但該批章卻註明是離宮同人卦初九爻推，讀者或者會以為他是用先天數，那麼不是天火同人卦嗎？我初時也有這個懷疑，但後來再參看他所批的多份批章，卻發現無論是用先天數還是後天數，都無法配成他所說明所用的卦。此為他的第一個特點。

在六親方面，與其他鐵板神數家大致相同，對父母存亡、兄弟人數、配妻生肖，都有詳細的批註。

但在批註大運上，他又顯然與其他鐵板神數家不同。

一般的鐵板神數家，在批註一個人的運程時，多是用「小過卦用事」的卦，那就是每年或每兩年的批註，而且「小過卦用事」多是每兩年一條籤文的。

但馬翰如先生卻有所不同，我翻查過他所補註的鐵板神數的足本，內裏有不少號碼的內文是「後列鴻運」的。

而在他所批的批章中，也多有「後列鴻運」這條條文，但在這條條文之後，他卻並不用「小過卦用事」的卦，而是用「子平」的方法去歸劃大運，所以才有上文的「已運」、「酉運」等，完全是「子平」的批命方法。

而且在大運的批註中，他很多時卻不是用鐵板神數的條文，如上文列出的命譜，在酉運時，他的批註是：「臀無膚，其行次且。牽羊悔亡，聞言不信。」這是《易經》夬卦四爻的爻辭。一般人看到這句爻辭，多數會不知所云。姑代解釋如下：次且是赼趄不前的意思。那是說臀無皮肉，行動赼趄。經意是筮遇此爻，將受刑杖，臀部皮開肉脫，其行赼趄而難進，但牽羊獻予當權之人，則其悔可無。聞言不信則有兩種解釋，其一為所聞之言不信實，乃謊言。亦可解作因為聽人之言而不相信，成為受刑杖之一種原因。這是《易經》的解釋。

河洛詩訣　亦成條文

馬翰如所批的批章，在大運的批註中，除了有借用《易經》的爻辭之外，還有用到河洛理數卦爻的詩訣。

如上述的酉運中，他除了用易經的「臀無膚，其行次且。牽羊悔亡，聞言不信」之外，尚有「園內花千朵，愁驚午夜風」，是借用河洛理數巽卦上爻的詩訣。該首詩訣原文是「井濁不可食，喪斧失貞凶，園內花千朵，愁驚午夜風」，他就是採用了末後的兩句。

從馬翰如所批的批章，不少鑽研鐵板神數的人都不免懷疑，鐵板神數果得先天卦六親部份為正宗乎？

因為過去一直盛傳，鐵板神數流傳下來的，只有先天卦六親部份，而算後天大運的那一部份，則早已失傳了。所以，不少人認為鐵板神數的首本戲是在算六親方面特別準繩，而在算運程方面，則不免失諸粗疏了。

一般人研究馬翰如所批的批章後，對此存疑更大。但不管如何，其他鐵板神數家所用的批註大運的方法，在使用「小過卦用事」時，也不過是採取扣入法。

在這裏不妨透露一點消息，採取扣入法是必須對某門術數，「子平」也好，「紫微斗數」也好，要有一定的造詣和修養，使用扣入法時才會得心應手。

原因是在「小過卦用事」中，正卦、變卦、反卦三欄，均非真正的卦，而每一欄均附有很多條數，譬如說你已知道應該是採用正卦的了，那麼應該用哪一條呢？那就很講究功夫了，用得好可以精彩百出，用得不好，就模糊一片。所以亦有人說鐵板神數，若給一些在其他術數方面有極高造詣者掌握到，是如虎添翼的事。

這是我極為同意的，我常認為一個人如果對其他術數如「子平」、「紫微斗數」等的造詣不深，就貿然的去鑽研鐵板神數，是很難成功的。最低限度要對某門術數有一定的基礎，然後去學鐵板神數，才會有成就。否則縱使學到，也難有精湛的表現。

考刻推理　反覆印證

一連寫了很多篇章的鐵板神數，也透露了不少有關鐵板神數的消息，現在似乎應該來一個總結了。

很多人以為鐵板神數最難是知道它的起數方法。知道了它的方法後，就沒有所謂高低之分，這是十分錯誤的一個想法。

鐵板神數真正是一種「術」與「數」結合得很緊密的術數，它的一萬二千條籤文，相等於一個組織得十分嚴密的網，其中包括了四面設伏的求證方法，等如某講義中說：「考刻之中有推理，而推理之中又有考刻，反覆印證。」這句話值得研究鐵板神數者細味。

一般推算鐵板神數者，都會在會客的地方標示以下的一段文字：「蓋聞人稟天地，命屬陰陽。即旦夕禍福，各有定數，況終身禍福，豈無以定之。然天理之微，變化無窮。若差毫釐，必謬千里。往往有八字相同，而貧富各異。皆因未識真刻分矣！」

「唯前賢諸夫子，秘傳數理。從本人父母，本身八字，配合五音八卦，每一時須推八刻，每一刻又推十五分。推到的準時刻，自然全數悉合，禍福吉凶，絲毫不爽。彼夫造福損德者，不可同日而語也。」目的就是說明鐵板神數須要查一時八刻，反覆考證然後可以推算。

所以，以算鐵板神數來說，上焉者，數的方面用得較多，術的方面較少。而下焉者，則幾乎全是術了。

我見過有算鐵板神數者，對「父母存亡、兄弟人數、甚麼時候結婚、妻子是哪一年出生的」，所有六親的情況都幾乎問遍了然後開始算，到算大運時，又只是一些頌詞之類的東西，這樣的算鐵板神數，可說完全失去了鐵板神數的意義了。

當然，鐵板神數界亦有高手，算出來的事物歷歷如繪，與上述的情況大異其趣。這就是功力問題了。

談鐵板神數的篇章經已不少。下文起，話題將轉入與風水學有關的傳奇故事。

記得當年寫到前兩篇時，已有業鐵板神數者打電話給我叫我不要再寫下去，並說聰明人已可意會到鐵板神數是怎樣運作了！

第二章

風水學說

風水學說　分家分派

在中國各門術數中，都有濫竽充數的人物，而在風水學方面，濫竽充數者就更多。主要原因是一般人對風水學的認識不深，濫竽充數者就更易為所欲為。

在香港，我就親眼見過有完全不知風水學為何物的人，也硬充識風水，甚至替人看風水，結果當然是一塌糊塗了。

廣東人說的「風水先生呃你十年八年」，其實是一句對風水先生很不敬的說話。不過，說這話的人，也顯出了自己對風水的無知。因為無論陽宅與陰宅（按：陽宅即人居住的地方，陰宅指的是山墳），很多時的效應都是很快速的。

通常陽宅有不妥善的地方，經真正懂風水的人改善後，有把握的可在十餘天內即能見到效應，只是陰宅所需的時間可能略長。

風水學也與中國其他術數一樣，分有門派。最大的兩個派別就是八宅法與玄空派。

兩者的方法與理論，都有很大的分野。

但有一個很奇怪的現象是，懂八宅法的未必懂得玄空，但懂玄空的人卻多數懂得八宅法。

玄空派亦稱九宮飛星，徵驗性相當高，但難學也難精。如無師傳，極難自學成功，是一門相當艱深的術數。

而我所認識的風水手中，則多能兼通八宅法與玄空，兩者配合來靈活運用。

玄空學雖然自成一派，但與其他術數一樣，同樣有分家的現象出現。

最顯著的莫如對三元分為九運或八運的意見，三元指的是一百八十年，上中下元各佔六十年。蔣大鴻、沈竹礽的一派是三元九運，每運二十年，使用這派學說的人最多？

另有一派如吳師青者，則除去五運，把五運的二十年分為前十年歸於四運，後十年歸於六運，所以變成三元八運。還有一派如趙景羲者，同樣是三元八運，但劃分法卻不用吳師青那一套，是根據八卦的卦爻，陽九年、陰六年來把一百八十年分作八運。同樣是沒有五運者。

同是玄空　亦有派別

對於三元八運或九運的劃分，對風水學是否那麼重要？答案是很重要的，很多時的決定性就在這裏。

舉例來説，有一間坐東朝西的房屋，開中門，説是卯酉向吧！假定是在八一年建成，如果用三元九運來看，那麼是屬於六運樓，四八到中，山星向星均順飛，是為上山下水的格局。

但上述房屋如果用趙景羲的一套來看，八一年建成已屬七運樓（按趙景羲的一套是在乙卯年一九七五年起進入七運），那麼，就變成是五九到中，山星向星均逆飛，是為到山到向的格局。

同是玄空，對上述房屋的意見，就已有這樣的分歧。

而玄空與八宅法的距離就更大，舉例來説，有一房屋，坐東南向西北，説是巽乾

天網搜奇錄

向吧！六運建成，開震宮門，灶在坎宮。

到丙寅年進入七運期間，玄空派的人一定認為這間屋不能住，特別是到了丁卯年更差，理由是巽宅之運最短，六運建成，進入七運向星便囚，向星一囚自難求財，丁卯年四入中，二到震，而灶更在坎方，疾病煩惱齊來，那還得了？六運時「雙星到向」之旺氣，至此一掃而空了。

但習八宅法的人又怎樣看呢？巽宅是屬於東四宅，東四命（坎、震、巽、離）的人住適合，門在震宮，是為開在延年之方，灶在坎宮，是為生炁之位，都以吉言。

兩派學說差異之大，豈止霄壤之別。所以我常說，自學風水者，除了精通各門的訣竅外，還一定要靠經驗。有了經驗然後可以知道哪些理論是對，哪些理論是錯。而精通風水的人，一般都有好修養，更怕招惹江湖是非，所以明知某派有錯誤的地方，亦不置評。所以後學者除非有親如師父的人物，告訴你和教你正確的理論，否則就要靠經驗去定奪。

也由於風水學說的分歧，使不學無術的濫竽充數者更易於蒙混過關，下文會為大家說一個清代風水騙案的故事。

清代述異　風水騙局

據《清朝野史大觀》卷十一「清代述異」所載，有一則風水騙子的故事，騙人之後，事主不但沒有發覺，而且還認為騙子是恩人。可見風水之道，極易為人濫竽充數。

據說在清代道光朝時，青縣有一名姓姚者，因惹上官非，被官府緝捕，逃到河南汲縣避難。住了一年多，所帶錢財都已用盡，且欠下旅館數十両銀，店主日夕追索。姚某窘甚，既無法還款，又不能搬到別的地方去住。苦思之下，卻給他想到了一條歪計，就是設一個風水騙局去騙人。

一日，姚某對店主曰：「我欠下你旅館的租錢，想償還卻無力，我又沒有地方可搬，長此下去並不是辦法。但我有一計，如果能依我計行事，千金可得，得到這筆款項後，我就可以悉數償付欠債。」

店主急問有何妙計，姚某問曰：「你有田產否？」店主答稱僅有二畝餘。

姚某乃叫店主暗中去掘一些黏土回來，製成龍形，乘夜潛埋在他的田地內。一切辦妥後，姚某便到鄰村一富戶黃氏之祖墓上去，故意徘徊良久不去，更作驚異狀與嘆息，守墓地之人見他如此，便怪而問之。姚某乘機對守墓地者說：「我學堪輿術已數十年，走遍天下，所見之地多矣，但未有如此墓地者，富可百萬，但可惜絕嗣矣。」守墓地的人見他如此說，便請他再細意勘察，另一方面立即使人去向主人報告。

不久主人果然趕到墓地，姚某這時便鼓其如簧之舌，指龍脈從哪裏而來到哪裏而止等，又說這墓穴的後人為甚麼可以致富，又為甚麼會絕嗣，某年吉、某年凶等，居然給他說得頭頭是道，結果主人大為信服。

主人既信姚某在風水學上確有功力，便請姚某回家，奉為上賓，請他代為相地。而姚某至此亦以風水先生自居。他所佈的騙局，第一步是成功了，接着便是開始騙局的第二階段。

富户被騙　仍表感激

話説冒充風水先生的姚某，在取得姓黄的富戶的信任後，做了富戶的「清客」，第一步計劃是成功了。

接着姚某即每日與富戶主人黄氏乘輿出外，到近郊之處尋風水地，但走遍各處，姚某稱均無合意者。

有一天，姚某故意帶富戶黄氏到他預先埋有土龍的地方和掘出土龍，然後佯驚曰：「得之矣！此為眠龍地也，如有先人得葬此地，不但可以子孫繁衍，且科第鼎盛也。」

富戶聞言，喜不自勝，立即派家丁去查該地是何人所擁有。據家丁回報説，該地是屬於某村一旅館的主人所有的。富戶黄氏便派人去找旅館的主人説項，願出千金，希望旅館主人能出讓該地。

結果，由於姚某預先安排好的，自然很容易就談攏。而富戶黄氏一直不知道是姚某與旅館的主人合謀騙他的，在購得該地後，即央姚某為之選擇吉日，以便把先人遷葬。

姚某由於所設的騙局經已大功告成，自然亦樂於替他擇日，雙方皆大歡喜。

事過半年餘，姚某查得自己在家鄉之訟事經已了結，官府不再緝拿他。便向富戶黃某告辭，說明自己要回鄉，便留下了地址。

轉眼間又過了二十年，姚某已把騙人之事完全忘記了。

一日，在家中忽有家人通報說有河南汲縣黃姓的人找他。

姚某請他們入內，見為翩翩二少年，儀容甚佳，見他即跪拜，執禮甚恭。

姚某驚問之，據他們說他們是汲縣黃姓子，其父自遵姚某指示把先人骨殖遷葬後，不久得二子，後更同年得中鄉試，於今年同赴禮部試。在他們聯袂北上時，其父囑他們到汲縣找姚先生，並說如非得姚先生之幫助，則可能已絕嗣也。被人誑騙後，仍感激不已，皆因風水之學不易知也。

店鋪風水 傳奇故事

說完一個風水騙人的故事後，現在說一個風水高人的傳奇故事，這故事是已故風水名家張樂天先生告訴我的。

話說早年在本港九龍區，有一間頗具規模的藥店，店主人一生喜愛結交江湖上懂術數的人士，所以，他店裏常有懂風水或命理之人來往。

店主人姓陳，人稱「老陳」，原是廣東某鄉人士，年近三十歲才來港，曾在多間藥店任職，但因為勤儉，漸有積蓄。到後來，終於自立門戶。

可能是個性的關係，他在鄉間時同樣結識了不少堪輿師及懂術數的人物。來港後，雖然自己工作很忙，但卻仍保持通信。

老陳有一個生活習慣，就是每天下午三時左右，必到自己店鋪對面一間咖啡室去喝咖啡，吃些麵包多士之類的東西，然後返回店裏工作。

很多時，他喜歡選擇坐在可以看到自己店鋪的卡位裏，見到自己店鋪生意特別好時，他會縮短喝咖啡的時間，趕回店裏去幫手。

有一天，當他正在咖啡室裏喝咖啡，低頭閱讀報章時，他店裏一名夥計匆匆走入來，在他耳邊低聲說，有一名自認是他同鄉的男子，到店裏來找他。看樣子是剛從大陸出來的，現還在店裏等他回去，問他要不要見他。如不想見他，他們就會打發他走。

老陳這時站起來，雖隔着玻璃門，但遙望自己店裏，人客不多，一眼就認出一位同鄉好朋友。

他匆匆結賬，一枝箭的越過馬路趕回店裏。

原來到來找他的同鄉朋友，真的是剛從大陸出來的。兩人相見，寒暄一番後，老陳便即夜邀約他晚飯。

老陳這位朋友，在鄉間以風水為業，亦頗有名氣，鄉人很多都找他相宅。

兩人這時相聚，自然又談起風水的事，老陳便乘機問他自己店鋪的風水如何，不料不問猶可，一問之下，使老陳吃驚不已。

算出死人　店裏抬出

老陳這位精於風水的朋友是姓吳的，當他在老陳的店裏等老陳回來時，已經暗中細察過他店舖的風水。這時剛好老陳問店舖的風水問題，他便很大膽和直截了當的對老陳說：「你店舖的風水，財氣不弱。但奇怪的是，今年必有死人從你的店裏抬出來。」

老陳一聽之下大驚，忙問會發生在甚麼時候和甚麼人死亡、自己是否有此一劫數等。

這位姓吳的朋友，在鄉間時鄉人稱他為吳大師，這時在掐指細算，約一盞茶光景，他便對老陳說：「現時是四月，這件事應該發生在五月左右，到時再加細算還可算出在某天。這樣吧，你問一下店裏各人的生辰日子，連同你自己的一併寫下來，讓我細算一下是誰人有此劫數。」

老陳連忙言謝，並說會立即依言進行。

不兩天，老陳果然集齊了店裏各人的生辰八字，包括自己的一起寫在一張紅紙上，交到吳大師那裏去，好讓他算算是誰人有此劫數，以及有甚麼辦法可避過此一災禍。

大約過了一個星期左右，老陳接到吳大師的電話，約他出來談談。

兩人相見的時候，老陳就急不及待的問，是否已算出誰人有劫數。

但這位吳大師卻好整以暇的說：「我細算過各人的八字後，發現你們任何人都沒有問題。」這時老陳着急了，急問那麼為甚麼你又說下個月我的店會有死人抬出來呢？

吳大師說：「這個我也不明白，但數是不會錯的，而且事件多數會發生在下午時分，以後你去喝咖啡時可多留意一下店裏的情形。」

老陳把他的話記在心裏，以後每天下午到對面的咖啡室去喝咖啡時，真的特別留意自己店裏的情形。

倏忽的到了五月，有一個下午，老陳在咖啡室喝咖啡時，忽然見自己店裏的人起哄，好像發生甚麼大事似的。老陳立即三步併作兩步，趕回店去一看究竟，而所發生的事，卻是老陳事前完全無法估計得到的。

預知結局　出人意表

話說老陳看見自己店裏的人起哄，以為發生甚麼事，連忙趕回店裏去一看究竟。而店裏發生的事，是老陳事先完全無法估計得到的。

原來，他店舖的樓上高層住宅有人跳樓，跌落的地點就是在老陳店舖的天井裏。店裏的夥計自然打電話報警，一方面又有幾個夥計圍攏着在研究死者是從哪一層樓跳下來，店裏的人亂成一團。

不久，救護車來了，救傷人員見跳樓的人已死去，便通知黑箱車來把死者載走。死者的屍體正好是從老陳店舖的大門抬出去！

情況一如風水大師所言，而發生的時間亦十分吻合，老陳在看着死者的屍體從自己的店門抬出去時，覺得這世上一切實在太玄了，玄得使人難以相信。

這個故事至此告一段落，讀者或者會問，風水學真的有這項本領嗎？

風水學是否真的有這樣的高人我不知道，因為這個故事我也是聽回來的，但我覺得，如單憑風水學的數據來說，是很難做到如此細緻的推斷。

但我知道如果懂風水學的人，同時兼通六壬數的話，每每如虎添翼。理由是他們從風水的數中推斷到會有甚麼事發生，繼而用六壬數來作更細緻的推敲，那麼，往往會有驚人的表現。

因為，風水學實在是可以推斷出一間住宅或商店出現一些甚麼事情的，只是要推斷到好像上述故事那樣準確，連發生在哪個月、甚麼時間都知道者，就似乎較為困難了。

在風水學上十分權威的一本書籍《沈氏玄空學》，沈竹礽所著，為鑽研風水學者必讀的書籍，其中就載有很多例子，也是讀來使人嘆服和訝異於風水學的本領的。

巒頭理氣　須要兼顧

習風水玄空學之難，在於既要懂得風水學的挨星和意義，更要兼顧巒頭理氣，也就是說外邊的環境。稍一有失，便可差之毫釐，謬以千里。

風水的數字是由一至九，決定了坐向之後，就知道是甚麼數入中，然後輪飛八方，甚麼數遇到甚麼數，就可決定會發生甚麼事。

同時每個數字都有其顏色、方位和意義，一至九是一白、二黑、三碧、四綠、五黃、六白、七赤、八白、九紫。

在風水學上，有一《紫白賦》十分著名，凡識風水之人都能背誦此賦。原文如下：

「一白四綠交逢，科名大利。九紫七赤並到，同祿連遭。二五交加而損主。三六迭逢而遇盜。三逢七、七逢三、劫盜官非。武科榮顯。六逢八、八逢六、文士參軍。六逢九而長房血症，七九之會大凶。八會四而小口殞生。八三之逢更惡。八逢九紫，喜慶綿綿。六遇八星，尊榮疊疊。欲求嗣續，唯取生神加紫白。若論帑藏，尤宜旺氣在飛星。二黑飛乾，逢八白而財源大進，遇九紫而螽斯蟄蟄。三碧遇庚，逢一白而丁口頻添。交二黑而倉箱有慶。」

但熟讀上述賦文，明白其意義之後，是否所有風水問題都能解決呢？那又未必，而且還須懂得巒頭理氣，這是風水學上最難之處。

舉例來説，如《紫白賦》所説的「一白四綠交逢，科名大利」。

我們且看《沈氏玄空學》卷三所舉之一例，張村丁宅，子午兼癸丁，七運造。此屋門開巽方，自然就是一四同宮，《紫白賦》説是「科名大利」，那麼住此屋之人，應該是出有功名之文人才對。

可是此屋宅外之理氣不佳，住在此屋之婦人，十分貪淫，且與一名和尚通姦，醜聞四播，那麼又如何解釋呢？宅外之理氣壞在哪裏呢？

《沈氏玄空學》一書，對此情況解釋得頭頭是道，通姦者是和尚亦有解釋，言之亦十分有理。

主發科名　變作淫亂

上文所提到的一個住宅，開巽宮門，一四同宮，本主發科名。但卻變成屋內之婦人與和尚通姦。《沈氏玄空學》一書的解釋是：因為門前有路氣直衝，而該路是從午方引入之故。路氣直衝為水木漂流之象，四為巽，為長女，故主婦人貪淫，而該路是從午方引入，直進到門，主有外人進來，而來者為一光頭和尚之原因是，因向上挨星是六，六為乾，乾屬頭，在午方為離，離為火，頭被火燒，故主光頭，故有光頭之人入門。但何以又推斷光頭之人為和尚呢？由於巽為僧，故主來者為和尚，入於四一之門與婦人交接也。

但《沈氏玄空學》補充說，此宅門前必有抱肩砂，否則無此病。（按：抱肩砂即俗稱探頭山。）

沈氏最後加上按語說，凡主功名之一四，必須得令，失令之時便變成主淫亂，若與形態醜惡之砂水相值，則徵驗性更高。

對於一四同宮發功名之說，必須在一四同宮之地方有秀峰秀水。

由上面的例子可知風水之學之難，不單只對挨星要熟悉，對巒頭理氣亦必須兼顧。否則往往會差之毫釐，謬以千里。

在過去科舉時代，一般人最重功名，在風水設計上都喜一四同宮，以期子孫能得中舉人進士之類，以光門戶。

若如上述住宅之設計，雖有一四同宮，但因為失令，變成犯淫亂，再加上道路設計不佳，醜聞四播，又豈是始料所及。

在《沈氏玄空學》中，再舉一例，住宅之挨星與前述之住宅完全相同，註明為許宅，子午兼癸丁，七運造，同是雙七旺星到山，開門之處也在巽宮，也是一四同宮。只是山後有水和道路之設計不同，道路是從艮方至震方而至巽方入門，入住後財丁兩旺，兄弟二人同得科名，與前述住宅大異其趣。但此宅之缺點是，雖然財丁兩旺，卻出盲眼之人。

那麼，沈氏對此宅又有何解釋呢？且聽一一道來。

旺山旺向　未必盡美

上文所提到的住宅，與前文所說犯淫亂的住宅，坐向與挨星完全相同，甚至開門的方位亦相同。但所出現的現象完全兩樣。

據《沈氏玄空學》的解釋說：「此屋住後財丁兩旺，因旺星到後，後有河水故也。門開巽方，乃一四同宮，準發科名，且向上是六，巽方運盤亦是六，六為首，且六與四合十，又一與六同宮，當為案首，故兄弟二人，均考案首而入泮。道光七年丁亥，二入中，一白到巽，二房考一等案首，十五年乙未，三碧入中，二黑太歲到巽，長房考起補廩，皆巽門之力也。進氣艮震兩方之路，均犯九五同宮，故出盲眼之人。」

其後且有按語說：「可見陽宅以門為骨，以路為筋，吉門惡路，故有酸漿入酪之喻。

從上述兩個例子，可見風水之學，除了數理要熟之外，對巒頭理氣與門路等，亦必須下一番功夫，然後可以有成。

而兩宅之分別，只不過是其一屋後有河水和兩者之來路不同，結果其一犯姦淫，另一則出文士而且丁財兩旺，風水之難，於此可見一斑。

又一般堪輿家，替人選宅或選墳之時，多喜取旺星到山與旺星到向。當年我撰寫這本《天網搜奇錄》時，因為在中元七運期間，所以我選《沈氏玄空學》中一些七運造的例子來和大家研究。再次說明除數據之外，巒頭理氣必須兼顧。當然，如果不識數據的話，根本就不知風水為何物。

在《沈氏玄空學》卷三，有這樣的一個例子，說明是：會稽任宅，子午兼壬丙，七運造。

從挨星來說，此宅是雙七旺星到山，後有大河，連接乾、坎、艮方，照數來說，是頗美的。但此宅有一十分傳奇之故事，是每日下午三時之後，即有穿綠衣之女鬼出現，十分嚇人和十分詭異，理由又在哪裏呢？沈氏對此有頗詳盡之解釋。這個故事頗為有趣，不信鬼物的讀者，也不妨姑妄聽之。

屋忌陰暗　旺門重要

對於鬼之為物，很多人認為信則有不信則無。但研習風水學之人，就多是相信這世界上是有鬼的。同時，風水家認為，凡住宅有二五六同到之處，必然有鬼，是為天、地、人三卦俱齊也。

關於上文所提到的會稽住宅，《沈氏玄空學》如何解釋該宅有鬼呢？

沈氏對該宅有很詳盡的分析，據稱：「此宅前面地高，後有大河，乾坎艮方均現水光，後有大槐，照水一片綠色。屋內多陰暗，住此屋者，財丁兩旺，因雙七到後，後有大河故也。」

「然屋內有身穿綠衣之女鬼，至申時（按：即下午三時至五時）出現，因雙七到坎，七為兑，兑為少女也。二黑到乾，二為坤、為母、五黃到艮為廉貞，即九離為中女，五黃又為五鬼，此三方皆有大河水放光，合坐下之七，即陰神滿地成群，故主出女鬼。

於申時出現者，以坎為陰卦，申乃陰時也，穿綠者，因槐映水作綠色也，且屋暗故鬼棲焉。」

不管你是否相信世上有鬼，但沈氏的解釋卻是甚為詳盡。為甚麼是女鬼，為甚麼是穿綠衣，都說得頭頭是道，煞有介事。

至於如何解拆呢？如何使這屋不致有鬼呢？沈氏又再說出一道絕招。據說，八運初，錢韜巖於未方為開一門，至今鬼不現矣。因未方得八白旺星，艮方變為二黑，五鬼已化，故無鬼也。此乃一貴當權，眾邪並服之謂。

沈氏其後再加按語說：「凡鬼均與卦氣有關，然必與環境形態相湊合，其驗乃神，但屋得旺向，或門開旺方，其形氣亦能潛移，此一貴當權之義，是宅八運初開未方門，鬼不復現，即旺門之力也。」

由上述例子可見，風水學上忌住宅陰暗之外，對開門的旺弱特別重視。縱使是有鬼之屋，開旺門之後，也可有鬼變無鬼。

風水之學，說來很玄，但它是有自己的一套法則的。你以為它無稽，但它卻自存有道理，好此道的人也就孜孜不倦的去學。

電梯所在　最應注意

對於巒頭理氣，很多不懂風水的人，每以為那是只與山脈河流有關。而住在香港這樣子的都市裏，很多地方根本無法望到山或海，那豈不是無巒頭理氣可言。這是一個很錯誤的想法，因為宅外的道路，地盤的高低，甚至電梯所在的位置，也是形成一種巒頭理氣的。

而香港人最多的錯誤想法，是道路不可直衝而來，開門不可對正電梯等，把它看作是經典式的教條，亦每每是錯誤者。

我現在可以舉出一個簡單的例子，在九龍某區，有兩座相距不遠的大廈，同屬六運尾建成的樓宇，亥巳向。在兩座大廈的地牢，都有一間中菜館，其一則生意滔滔，座無虛席，另一間則顯然不及前者。說到挨星，兩間菜館完全相同，其原因在哪裏呢？

更奇怪的是，兩間菜館開門的地方都在兑宮，以挨星來說，都有旺星七到。照說生意不會有很大分別吧。

問題就出在行人電梯裏，因為兩間中菜館的位置都是在地窖，也都有兩部行人電梯。生意好的一間菜館，開門的地方就對正行人電梯，而另一間生意較差的菜館，則避過行人電梯而另開側門。成為其一之氣動，另一之氣靜。

懂風水的朋友自然知道為甚麼開門在兑宮，同有旺星七到之時，則有電梯直衝而下，對財氣更有幫助。

不懂風水或一知半解者，自然怕見有行人電梯在門前直衝而來。結果是改開側門，避過對正行人電梯，不過，生意就打了一個很大的折扣。實在看着也叫人覺得可惜。

當然，門前理氣差，有電梯對着自然不妙；但門前理氣旺的話，則不單不怕有電梯對正，而且會變成更旺。

在香港的大廈，幾乎都是有電梯的。而信風水的朋友，對電梯都很敏感，我也常被人問及這個問題。看了上述的例子，大家應該明白不能一概而論了。所以，憑空的問我，我也無法解答。

有運之人　如識風水

在香港，濫竽充數的所謂風水師極多，有人可以完全不懂風水的法則和數據，也一樣有勇氣替人看風水。

但這種人是否可以逃過識風水者的法眼呢？答案是當然無法逃過的，原因是錯誤百出也。

現在試舉幾個例子來說，我親眼見過九龍有一個商店，七運樓，卯酉向，本是頗佳的旺星到山與到向之宅，但請人看風水，卻給人教他開乾宮門（右側門），而乾方有柱及閉塞。識風水的朋友都知道是豈有此理的。在這格局捨中門而不用，是無論如何也說不通的。

又見過有一間丙壬向的建築，六運造，該店七運時也是請人看過風水，居然有艮宮門不用而改行坎宮門，誤人更甚！

諸如此類的不合風水的法則者，如果說沒有人教他這樣做，那只可說是主人欠運氣而已。但給人誤導而犯錯，就真的大大不值也。

同時我又見過不少有運之人，不必請風水先生看風水，卻能處處頭頭是道，確是十分奇妙之事。

記得多年前，我有事到一文化機構去見一位老闆，該機構所在的建築物，我曾用羅經度過，是丑未向，五運造。

當時是在一九七七年間，是為六運，老闆的寫字間設在該單位內的坎宮，開震宮門，寫字枱在離宮的方位，震巽方來路。我陰念這樣的設計，老闆是應該懂風水的人，或者是經過名家指點的，而老闆的生意與名氣，如日中天。

不料後來我在明查暗訪是誰人替他看過風水之時，他坦白告訴我只是憑自己喜歡而如此擺設而已。

而更妙的是到一九八四年轉入七運之後，這位老闆又不知哪裏來的靈感，搬了寫字間到另一層樓，這次卻不取震宮門而取離宮門了，寫字枱則在乾宮。

眼看着這等情景，說是不懂風水之人能做到的，幾乎使我無法置信，只有暗中說一聲這是運也。

得運失運　似有主宰

上文所提到的老闆，六運時，寫字間開震宮門，取得一四同到，科名大利，文章有價。到七運時，又把寫字間改行離宮門，坐在乾兑宮間的位置，取得山星與向星七之旺氣外，來路由艮而坎而乾，得「八六一」三吉。如果説他是不懂風水的，實在很難使人置信，我初時也以為他故意大智若愚，但後來我與他談過多次話，才相信他真是不懂風水的，能有以上那麼湊巧的設計，完全是運氣使然而已。

當然，如果真懂風水，自然會更十全十美，因為無論你如何好運氣，總無法做到一點瑕疵也沒有的。

如上文所提到的寫字間，在五入中之年時，入門處如有大型花瓶或瓷器之類會更好，既防頭頸間毛病，亦可解去不必要的桃花。當然，這些小問題，解與不解亦無甚妨礙，只是小瑕疵而已。

天網搜奇錄

又上述大廈在進入七運時，由於大門入口適在乾宮位置，山星七旺，是為當令，自然人口大添。但由於入門之處位置頗短，在風水而言是雖旺而氣不深，但該廈在裝修期間，不知如何加進了一塊巨型的鏡子，增加了旺氣的深邃，亦妙也。

所以我常說，一個人運氣好時，實在是不必看風水的，很多時會有一種很神奇的力量，教他如何擺設和佈置等。

而且，好的風水先生難求，而濫竽充數的所謂風水先生又那麼多，萬一不幸請得一竅不通的所謂風水先生，不但於事無補，很多時還敗事呢！

那麼，好的風水先生是否有偷天換日的本領呢？答案是視乎情形而定。

凡習風水而兼懂其他術數如紫微斗數等人士，都會發現有一個很奇怪的現象，使人很難解釋的。那就是當一個人走運之時，他很容易就會找到好風水的房子。而在失運之時，縱使找到好風水的房子，但入住不久，外邊的環境理氣就會改變，如開山、築天橋等類之影響，且適在不當之方位進行，既使人氣結，也使人感到這世上一切都好像冥冥中有個主宰似的。

風水之道　天命所限

由於風水會改變，壞的風水會變好的風水，而好的風水也會變壞的風水。所以，古人十分相信，一個人必須積德，然後可以享受到好的風水。同時更有「一命二運三風水」之說，那是說風水不可能把一個人的命運完全改變過來。

那麼說來，風水學的作用在哪裏呢？

我現在試舉一例，假如你有一部手提收音機，在收聽電台播音時，放的位置不正確，那麼雖然同樣收到播音，但雜聲與干擾可能很多。但如果你能把它移到正確的位置，那麼無論如何都會清楚得多。

但先決條件必須有電台在播音。

這情況相似於你必須先有運，然後風水才能助你。

所謂風水上的作用，相等於對好壞程度的加減，使好的更好，使壞的不致太壞。

但絕對無法把一個人的命運完全扭轉過來。否則中國各門的算命術數都不必學了，單學風水一門便已夠。這不單只是我個人的見解，我有一位很談得來的朋友，風水名家馬師父，他也認為這個意見是對的。

所以我很反感一些不懂風水為何物之人說：「如果風水那麼靈，那麼風水先生都先發了財和長命百歲，也不必替人看風水啦。」

他們就是不明白每一個人都有自己的命運，是為先決的條件。在紫微斗數來說是天盤的高低。

而天盤的高低，就決定了一個人在最好運時能發達至甚麼程度。舉例來說，杯子有大有小，小的水杯如啫喱杯，盛滿了水也不會多到哪裏去；如果換過來是一個巨型的啤酒杯，縱使它不走運，只有四分一杯的水，也比啫喱杯滿溢時之水多很多。

所以才有人雖然運氣平平，但生活已很不錯；亦有人雖然走着很好的運道，但仍然家無恆產，只是手頭較寬裕而已！風水能幫助的，是使你的杯子不致太缺水而已，但決無法替你換過另一個較大的杯子，增加你的容量。信術數的人便說，這是天命所限。

判斷疾病　靈驗如神

那麼，風水最具吸引力的地方是在哪裏呢？

以我個人的經驗而言，我認為風水除了可以增加個人的財氣之外，對疾病和桃花的困擾都有相當大的助力。

先對疾病來說，有經驗的風水家，在進入一間住宅後，如發現有甚麼地方不對而足以引致疾病的，他們立即可以憑卦位來決定是甚麼病，而準繩度奇高。有關此類的故事，我在《術數述異》中已寫過幾個。

通常，風水家最注意的是，安牀、做灶、開門等地方是否有不對，這些地方如果有不對的地方，會帶來甚麼後果，他們都會歷歷如繪的說出來，使你無法不信服。

我現在先說一個故事，好讓大家知道風水學對疾病判斷之正確。

有一位姓黃的朋友，家住香港近郊地區，是獨立式的洋房，生意與財氣一直都很好，家人也很平安。但該宅有一很奇怪的現象，就是很多時請了傭人回來，不久傭人的腳部就發生問題。不是跌傷就是腳部生病以致要開刀等情況。因此，請過很多名傭人都因此而離職。

在第一名傭人有此現象時，老黃並不奇怪，以為是偶然如此而已，但後來連續請了多位傭人，都有這個現象發生，老黃心裏開始奇怪了，難道此宅之風水不利傭人？

在一個星期天，當所有的傭人都放了假之時，老黃請了一位風水名家到家裏去看風水。事先老黃完全沒有向風水先生透露上述情況。

風水先生在宅外勘察一番後，大讚該宅好風水，隨着老黃帶着風水先生到宅內去看，就在走到傭人所住的房間時，風水先生停步了，此時房內闃無一人，他掐指計算一番，然後問老黃：「這房間有人住的嗎？」老黃故意輕描淡寫的說：「是工人房，今天工人都放假了，有甚麼不妥你儘管說好了。」這時風水先生便對老黃說：「依我看，住在此房間的人的腳部都有不妥的……」話還未說完，老黃已嚇了一跳。

風水看出　患病位置

又有這麼一個例子，在中環某大廈某樓，有一間頗具規模的公司，股東三人，其中一名股東經常患病。

有一天，那位經常患病的股東，突然感到極度不適，腹部極為痛楚，結果被送入醫院檢驗，原來是急性盲腸炎，需要立即開刀施割除手術。

就在那位股東被送入醫院的翌天，剛好是星期日，公司放假，其中一位姓區的股東就想起可能是風水問題，由於他與一位習風水的朋友老張十分友好，只是他本人不大相信風水這回事，所以雖近城隍廟，也從沒有求籤之意念，一直沒有請他的朋友老張去看過風水。

而這次由於有其中一位股東進了醫院，他忽然興起這樣的念頭，既然說風水那麼靈驗，何不請老張來一看？且試一下他能否看出寫字樓裏，坐在哪個位置的人有病。

老張在接到老區的電話後，心裏也奇怪，為甚麼這個從不信風水的人，突然會改變了呢？但念在與他是世好的朋友，只有答應他。

那天，由於是星期日，公司放假，所以公司裏並無任何職員上班。老區帶着老張在寫字樓裏走了一遍，老張打開羅盤，一直在掐指細算，最後，老張走到其中的一間房，再細看羅盤，又再細算一番。

老區這時仍然不動聲色，到後來，老張開口了，問老區說：「你知道日常坐這個位置辦公的人是哪一年出生的嗎？」

老區說不知道，但表示可以打電話去查，這是老區故佈疑陣，到別個房間去佯作打電話，不一會兒回來便對老張說：「他說是一九四一年出生的。」其實老區是早已知道他那位患病的股東的年齡的，只是在兜圈子而已。

老張再非常審慎的計算一番，然後正色的對老區說：「依我的計算，平日坐在這個位置辦公的人，他的腹部必然有問題，除非他已長久沒有回來辦公，否則現時已經可能在醫院！」至此，老區真的啞口無言了。

似是神秘　實有數據

風水對判斷疾病，徵驗性相當高。它是憑挨星的數據和卦位，決定在哪個位置安牀或辦公的人會生病，而且生的是甚麼病，有時也判斷得十分準確。

說來似乎甚為神秘，其實它是有自己的一套法則的，如二五交加而損主、那麼損在甚麼地方，就憑卦位來決定，如乾為頭、坤為腹、離為心為眼等。所以，有功力的風水師，對這些事都能作出準確的判斷。

對於疾病，有些醫生亦認為是「來無蹤、去無跡」的，舉例來說，一家人男女老少，居住的環境相同，食物的情況亦無甚差異。但偏偏其中某人會有病，而其他人又沒有病的，理由在哪裏呢？

或者你會說某人有病，可能是他在外邊不慎受到細菌的傳染。但有不少疾病如癌症等，是不傳染的，那麼又如何解釋？

我曾在幾個團體發表過演說，都以此為題，其中就曾說過，如致癌物質，到現在已發現有多種，但患癌症的人是否都因曾接觸過某些癌物質而致病，至今仍屬一個謎！舉例來說，如抽煙可致肺癌，但有些從不抽煙的人為甚麼又會有肺癌呢？

所以，我一直都認為，對一些至今還是謎一樣的疾病，可能在風水上找到具有科學的答案，而我更常認為在中國那麼多門術數中，風水學會是隨着針灸學之後，最先找到科學上的根據的。

因為我覺得，風水學其實是一門有關磁場的學問，地球是一個大磁場，我們長期生長在其中，必然是受其影響的。只是風水學不稱之為磁場，而稱它為太極。

所以風水學替一間大廈設計其坐向便稱之為「立極」，也就是說當一間新大廈落成後，大廈本身便是一個新太極，其中層數與各房間，又各自形成自己的「小太極」。換句話說，它的觀念應是在地球上興建房屋，房屋本身就形成一個新的磁場、其中層數與各房間，又出現不同的磁場。

風水太極　磁力中心

風水學對於太極的觀念，實在與現在所說的磁力中心很吻合的。

舉例來說，一間正方形的房間，其太極自然是在中央，也就是說磁力中心是在中央。假如你把這正方形的房間改建為兩個長方形的房間，那麼它的太極便由一個變為兩個，分移到兩個長方形的中央。

情形頗似把一條磁鐵一分為二，其南北極也有所改變似的。

風水學就是根據其太極在甚麼位置，訂出數字，再由這些數字輪飛八方，以定吉凶。我常在冥想，風水學上的挨星，是否就等如磁力中心向四面八方發出的磁力線？所謂巒頭理氣，也就是說外邊的環境，如某些地方高或某些地方低等，是否足以把磁力線改變，因而風水學十分重視巒頭理氣？

人在某個風水上認為不理想的地方安牀，認為足以引致某種疾病，是否就因為那真有對人體有不良影響之磁力線或輻射線等？

一個人在睡眠的時候，新陳代謝較慢，呼吸較慢，抵抗力也較弱，是否在這時最受磁力線或輻射線等的影響？如果有影響的話是否會由此而引致內分泌的不平衡，如某種內分泌較多，某種內分泌較少等，而內分泌的不平衡是否又會足以引發某類的疾病？

當然我既非醫生也不是生化學家，在這些方面的認識都極其膚淺，以上所述的一切，都純是我自己的猜想而已！

這一切都有待先進的科技去研究。

我也曾這樣想過，如果大家能摒除迷信的觀念，先不要一下子就去否定風水學，耐心的研究下去，說不定會發現原來它是中國先民積累下來的智慧，從而知道風水原來對人的健康、思想、智慧都有關係。到這個時候，風水學就能發揮出它的最大效用。如果更因此而找到一些不治之症的根源，那麼，它對人類的貢獻之大，當勝過不少新的發明！

二五之處　值得研究

我也曾這樣想過，風水學上所謂「二五交加而損主」，二與五都是很抽象的東西，如果它真的是如前文所述的屬於磁力線的一種的話，是應該可以測量出來的。

現在，有不少建築師已對中國的風水學感到興趣，更有人在業餘之暇去鑽研風水學。在台灣方面這個風氣更盛，不少的建築師都懂得一點風水學上的道理。只是在香港情況未如台灣那樣普遍而已，但同樣有人在作這方面的研究。

我在假想，終有一天會有科學家對中國的風水學發生興趣。到那個時候，在先進儀器輔助之下，極可能發現中國風水學之一二三四……實質上是甚麼。舉例來說，如測量出風水學上所指的「二五交加」之處，如果有一些對人體有不良影響之輻射或畸變等東西的話，使到以後大家知所趨避，固然最吉。但若再從這些資料而知道某些疾病的根源，那麼貢獻就更大。

如癌症，它到現時為止是一種不治之症，但卻是與細菌無關也不傳染的一種疾病。據所知，癌症是一種細胞畸變之症，是遺傳密碼的錯誤，使到細胞原是變某種東西的變作了另一種東西。所以，藥石才告無效。

亦因為這個關係，近年來「遺傳密碼」就成為熱門的話題。只是至現時為止，大家對「遺傳密碼」的認識並不深，更談不到如何去糾正「遺傳密碼」所出現的錯誤。

我這幾年來一直在想，「遺傳密碼」之出現錯誤，是否因為磁力線或輻射之影響？那麼中國風水學上的「二五交加」之處，是否就出現一些影響健康之磁力線或輻射線的地方？

如果在這方面找到科學上肯定答案的話，說不定會使人對「遺傳密碼」加深了認識，從而知道「遺傳密碼」為甚麼會出錯和知道如何去糾正它的話，相信到時癌症就成為可治之症。

對醫學與輻射等東西，我可說完全是門外漢，以上的大膽假設，只是希望引起大家的興趣而已。是否有道理，日後自然會揭曉。

熟習法則　仍需經驗

在香港這樣的一個「石屎森林」，街道縱橫，大廈毗連高聳，很多對風水欠缺認識的人，認為每間大廈差不多都是一樣的，還有甚麼風水可言？

這其實是很大的誤解，有時成間大廈毗鄰，其風水的看法卻不一樣的。

首先，就算兩大廈相鄰，其主向的卦位也每有不同。

舉例來說，同是七運造，庚甲向與申寅向只是一線之差，就有「上山下水」與「雙星到向」之別。

再加上道路縱橫，是為風水之來路，來路不同，所得的結果亦有異。

同時，風水十分着重外邊環境某些地方高聳，舉例來說，挨星二黑所到之地方，就絕對不宜有比本大廈更高之大廈。如果遇到這種情形，則該大廈的風水就十分有問題。

在本港某地區，就有這樣的一間大廈，而結果在裏面做生意的公司，大多是營業不前者。

但上一代的風水師認為，醫生不怕病，律師不怕官非。所以，他們認為醫生不怕「二黑」，律師不怕「三碧」，過去情況可能確是如此。但時移勢易，以我近年所見所聞的經驗而言，這是不對的。在現今的社會裏，醫生同樣怕病，律師同樣怕官非。

但醫生不大怕「五九」同到卻是真的，本港有一位十分著名和生意甚好的中醫，他的診所就是「五九」同到。但有一點須向星為「八」，其道理是有的，懂玄空的人稍為揣摩一下就會明白的了！

我舉此例，是說明風水除了對挨星純熟之外，還必須有實際的經驗，然後可以運用自如。

最簡單莫如測定其立向，在香港不少大廈的建築形式是頗為不規則的，如何測定其立向也使人大傷腦筋，經驗少的話更不知如何入手。而在測定立向時錯誤，則整盤數字均錯，自然談不上任何徵驗性了！

測定坐向　重要步驟

在香港有不少的大廈，特別是在兩街相接處的，對於測定其坐向，很多風水師都覺得困難的，既似是這個坐向又似那個坐向。所以，有些謹慎的風水師，便有兩條數同時入中計算之舉，目的就在避免一錯到底。

測定一間大廈的立向，最為講究經驗，特別是在大廈林立的地方，很多時羅經的磁針受到建築物鋼筋鐵枝等影響而飄移，結果就會作出不正確的判斷。

因為羅經的磁針是相當敏感的，使用過羅經的人都會知道，很多時在某一大廈門外測得其坐向後，入屋再測時則往往會有很大差異者，這就是羅經受到建築物內鋼筋鐵枝的影響所致。

而測定坐向，在風水上是十分重要的一個步驟，因為稍有出錯，便可以使整盤數據都錯的。所以如何準確的測定坐向，也各師各法。有人只在大廈門外測量，也有人在離開大廈較遠的地方測量，兩種方法都是取得卦位後即以作準。也有人除了用上述方法外，更兼到不同地點測量多次，觀察其間的差別，再加上經驗然後定其卦位。

但無論如何，測定坐向是十分講究經驗的一回事。

我一再說明對某些大廈測定坐向之難，目的在向近期一些來信的讀者交代。

在本欄談到風水學之後，就有多位讀者來信，問及我一些有關他們家居風水的問題。

我可以說，我所學的風水學以「玄空學」為主，十分重視坐向卦位的，舉例來說，如說向東吧！向東就有甲卯乙三卦，是庚甲向呢？還是酉卯向呢？其間就有很大的差別。除此之外，還有巒頭理氣等的影響，不懂風水學的讀者，如何能做到詳細列明出來？

所以，我學的風水學，根本不可能在報上或信上答覆讀者，希望來信的幾位讀者明白見諒。至於其他門派能否做到，徵驗性如何，恕不願置評。

烏龍得穴　速成速敗

說到立向，想起多年前與已故風水名家馬仁騶先生共醉樽前，他說了一個很趣怪的故事。

話說在某鄉有一個冒充識風水的人，姓陳，姑名老陳，連八個卦的名字也未能全部讀出，竟然有勇氣替人看風水，但由於擅於吹噓，生涯也不弱。

每天早上起來，他也作狀到鄉間山嶺之處去尋龍穴。許多人聚在一起的時候，他就借機吹噓說某處風水好，某處有龍穴，先人葬後可使後人飛黃騰達等，說得天花亂墜。而鄉人多屬不知風水為何物者，聽他的吹噓後也就一傳十、十傳百。

事情傳到鄉間一位富商的耳中，而富商也是不識風水者，在聽到加油加醋式的宣傳後也心動了，便想到把先人遷葬之事。

富商聯絡上那位冒充識風水的老陳後，雙方竟然談得十分投契，終於富商決定擇日把先人遷葬，並許以老陳重酬。

到定穴立向之時，這位老陳本來就不知方位為何物，卦的名字也不熟悉，便對工人說：「坐山向乾就對了。」工人雖然不識風水，但由於工作關係，對卦位是熟悉的，誤認為老陳的鄉音難改，把「巽」字讀作「山」字，便對老陳說：「是坐巽向乾吧！」老陳本來就是不識的，見工人這麼一問，便唯唯諾諾的說：「對了！對了！」

結果那個墓穴就是坐巽向乾，時適在八運中，正好給他橫打正着，是為旺星到山和到向，葬後富商更發。只是轉眼間在十餘年後，富商就一敗塗地。

原因是巽乾向在八運時雖旺，但進入九運時向星馬上入囚，向星一囚，自然破財矣！一般識風水之人，多不取巽乾向，原因就是因為巽乾向之運最短。

不過，如果老陳真識風水的話，也有補救之道，就是在九運之時重修墓地，改為九運造，變作山星向星均到向，向前有水有山相配，仍有可為。

重修改運　兩派爭議

上文提到陰宅（墓穴）的重修，可以改運。那麼陽宅（人住的地方）的重修，是否也可改運呢？

當然，如果一座大廈拆卸重建，那當無異議，是為改運了。

但假如一座大廈只是大裝修，重新粉飾過，那是否也算改運呢？這就有爭議的地方了。

在本港，據我所知有兩位風水名家，他們對一座大廈之重新裝修是否屬於改運，也有不同的意見。

其中一派，授徒頗多的，認為無論是一座大廈或一間商店，經過重修之後，就列入改運，舉例來說，如一座大廈是在六運（一九六四—一九八四年）建成的，那麼大廈或裏面的商店在八四年二月之後重修，就算是改為七運造，所有飛星均依七運計算。

而另有一派則認為，單是重修是不算改運的，最低限度也要拆卸到有部份地面能見天日為止，方算改運。

舉例來說，如「明報大廈」，是五運的樓宇（即在一九四四至一九六四年期間建成的），但此大廈在一九八五年曾經大肆裝修，並由「南康大廈」改名為「明報大廈」，那麼是否應屬改運，改為七運造呢？上述兩派就有爭議的地方了。

一派認為由於不是拆卸重修，所以仍然是五運的樓宇，丑未向，是二八到中。另一派則認為由於在七運時曾經大事裝修，所以已經是變為七運的樓宇，丑未向，是一四到中。由於二八到中與一四到中，挨星完全不同，所得的徵驗亦大異。

這個個案，我曾經在這一年內細心觀察，以看其徵驗到底是屬五運樓還是七運樓。結果我得到的結論，還是認為其徵驗應屬五運樓。最重要的一點原因是，此大廈行乾宮門，如果改為七運造之後，挨星二三同到，當然不會在，一九八四年後人口大增，但如依五運推算，則一七同到，此七為山星之七，七運時當令，是故一九八四年後應人口大增。而結果是，明報在這一兩年間員工增加了不少。

註：鰂魚涌的明報大廈終於在七運期間改建了，同時也改了名。

安設神位　須知法則

一般真正懂得風水的風水先生，在替人入宅看風水時，如果發現並無安設地主或祖先神位等，通常都不會教人安設神位的。

只是，如果有安神位，但安錯了位置的話，一般的風水先生都會加以指正。理由是神位可以不安設，但如果安設的話就必須正確。

在香港，安設關帝的人極多，但安錯位置的人亦不少。

在風水上，有時所訂立的法則是根據歷史的，如安設關帝，最好向西，最忌向東，向東的話會帶來家宅不寧。

風水先生所持的理由是，關雲長是西蜀名將，向西是遠望故國，所以是最好的位置；最忌向東，理由是關雲長是在東吳被殺的，所以不應該讓他朝着這個地方。

在一些面積不大的樓宇，還經常有人犯的錯誤是，把祖先神位與關帝、觀音等各種一起供奉在同一木架的同一格內。

這在風水先生看來是絕大的錯誤。理由是不管你的祖先如何顯赫，也極可能仍是鬼，但關帝與觀音等神已經是位列仙班。所以，讓他們一同相處在同一格內，祖先必成為被差遣的「人物」，正是廣東人所說的；「斟茶遞水梗係變咗由你祖先去做啦！」

所以，一般風水先生見到有人家裏有以上情況的擺設時，通常都會教他們把關帝與觀音等各神與祖先的靈位分開。

而且，他們認為祖先與各神同處一格，是極為影響後人的志氣。

最後一提的，安設關帝與觀音等神的地方，切忌在廁所門側，是為大不敬。所以，如果家居地方太小，不知在安設哪裏好的話，還是不安設的好。因為，不安設總勝於安設在錯誤的位置。

這是風水上有關鬼神之說，正入於「信不信由你」之列。但無論如何，如果你是信鬼神和敬鬼神的話，就應該知道上述的一些法則。

古怪百出　使人慨嘆

由於本港確實很多人安奉關帝。所以，最後一提的是，安奉關帝以有關平捧印、周倉持刀、關帝正襟而坐的一款最好，最忌是關帝夜讀《春秋》的一款。

理由是前者為關帝得意時的造型，而後者則是關帝在最失意的時候的造像。所以，關帝夜讀《春秋》的一款，只適宜作古董的擺設，不宜用來供奉。

風水家認為，要供奉關帝，自應供奉他最得意時候的造型，決無理由供奉他失意時的造像，這是供奉關帝須知的事。

還有一點要注意的是：關帝的刀，刀口應向戶外，不應向入屋裏，這是在小節上應注意的一點。由於香港人不少居住在面積狹窄的樓宇，但又喜歡安設神位，所以，古怪百出。我親眼見過有人在狹小的房間裏，在牀尾的地方安裝神位，把我嚇了一跳。

以中國人傳統的規矩，哪有活人在牀尾上香的理由，只有人死了才會在他的牀尾上香的。他還說請人看過風水的，確實豈有此理之至。

至於三叉、八卦之類的東西，根本是不入流的，但許多人見到住宅對面有不順眼的東西，就會掛起三叉、八卦、倒鏡等東西，以為是擋煞，其實是全無意義之舉。

據我所知，香港有一位所謂「風水師」，替人看住宅或商店風水時，連羅盤也不備，最後就是賣一些三叉、八卦、倒鏡、筲箕之類的東西給人客，胡說是經過「開光」甚麼的，教人掛在屋裏，古靈精怪，不一而足，看了直使人搖頭。

但香港中下階層的人，多不知風水為何物，不少人就上了他的當。而據說此人生意也不弱，看風水而看到這個田地，我實在無話可說。

本來，風水學是有一套數理的，我就奇怪有人既以之為職業，為甚麼不好好進修！到頭來，只識胡亂吹噓，亂搞一通，徹底破壞了風水學的形象，真的使人慨嘆不已！風水之道，豈盡屬神怪之事！

解拆招式　因時制宜

上文提到三叉、八卦、倒鏡等在風水學上既不入流。那麼，一般風水先生遇到風水上有問題時，多喜用一些甚麼東西去解拆呢？

在風水學上，最多人使用的東西相信是風鈴、金色的時鐘、瓷器、裝設紅燈和養魚等，各有用途。

在挨星二黑所到之處，在風水上來說是主疾病和煩惱，如果那個地方根本無可改變，如大門或出入口處等，那麼風水先生很多時就會教人在那裏掛一個風鈴。但有人怕掛起風鈴會被人說迷信，在不願掛風鈴的時候，風水先生就會改而教你掛起一個金色的時鐘，而且多是教人用「大三針」或有鐘擺的一種。所以說，風鈴與金色時鐘的作用，大致是相同的。在五行來說，這是以金化土，看作是「六白」。

至於擺設瓷器如大型花瓶、瓷像等東西，風水先生就把它看作是「八白」，既可洩火之氣也可作為解拆桃花之用。

裝設紅燈則是作為化木之氣和生旺土氣之用。看作是「九紫」。而養魚則取其水氣，有需要生旺木氣或洩金氣之時，就要養魚。看作是「一白」，也有人教人養六條魚的就是想取得「一六」之數。

以上是一般風水先生所用得最多的招式，諸如還有更改屋內顏色，裝設抽氣扇等，都各有原因的。

我見過有人根本沒有得到風水先生的指點，在認為家宅不甚安寧之時，就貿然的在屋裏掛起風鈴來，以為風鈴可以擋煞，有人還怕一個不夠力，更多掛幾個，其實這是十分危險的。

並非危言聳聽，風鈴在不適當的地方掛起，很多時會招來更大的煩惱，小者如發噩夢，大者則可能招惹官非，所以說風鈴是不可以亂掛的。至於如裝設紅燈和其他的招式，情況也一樣，必須因時制宜，既要懂得挨星，更要明白五行的生剋制化，總之是不能胡來的。至於以上各項設計，有沒有可能在科學上找到根據，我就曾一直在思想、探索。

追本尋源　陷入深思

我曾一再的思索，中國人在風水學上利用五行相剋的方法去解拆不想要的東西，諸如挨星二黑飛到等，其中是否有甚麼科學上的根據呢？

可能是正確也可能是我的胡思亂想，我常認為風水學上的挨星，極可能就是磁場上磁力線等的分佈，而流年的挨星，則極可能是因地球自轉所造成的另一種情況。而中國文化深厚，可能古代已有異人明白此種情況，而用一二三四等數字代表各種不同的磁力線，再根據其性質配以金木水火土等五行。

所以說「二黑」屬土，解拆之法就是以金洩之，而風鈴是金屬做的東西，同時掛在當風的地方，更可發出鏗鏘的金屬之聲。我曾對着風鈴冥想：是否「二黑」的磁力線，受到金屬或金屬發出的聲音之影響而有所改變？

至於風水學上對顏色之重視，是否因為顏色有不同之波長，而不同之波長足以對

天綱搜奇錄

磁力線產生一種干預或糾正之作用？

以上一切，至今仍是一個謎，這個謎在甚麼時候會揭曉，這是大家都不知道的事。但不少在今日被人目為迷信的東西，如掛風鈴、養魚等，雖然並無任何科學根據，但以我個人觀察所得和累積的經驗，卻認為它確是有一種不可思議的效應。有關的故事，我就在《術數述異》中寫了一百多個個案，盡是真人真事，若說湊巧，哪有如此多湊巧之理！

不少朋友問過我，想學風水學，應如何開始。以我個人經驗，我認為一般人如果先有「子平命理」的基礎，再而懂得易卦，那麼學風水就會較為容易，因為風水學是相當講究五行生剋和卦理的。

但無論如何，要無師自通，實在是十分困難。最好是能拜名師之門，自可事半功倍。只是一般名師，輕易不肯收徒，能入名師之門，自是十分講究緣份之事。

風水之道，至此告一段落，下文起話題將轉入占卦與測字。

第三章 占卦與測字

占筮方法　分有兩派

占卦與測字，都同屬十分講究觸機和靈感的事。只是占卦多少也要工具，然而測字則甚麼工具也不需要，只要了解文字之部首與如何拼砌成字就可以了。

占卦之事，不少人對於它的準繩度都有很大的懷疑：如何從卦象中得到啓示，知道所問之事的發展和結果？

但不管如何，很多人在無法預知某事的結果，或很想預知某事的發展時，都會去問一課。而奇怪的是，很多時它的靈驗性，足以使人訝異和驚奇的。

到底占卦如何會有靈驗性呢？我就曾聽過很多種不同的解釋：

(一) 這是一種與鬼神溝通的方法。

(二) 潛意識的作祟。

(三) 藉占卦來集中精神，發展一個人的第六感。

前者是相信這世間上有鬼神，而說發明占卦的人，似乎知道鬼神喜歡這種把戲，樂於在這種把戲中與人溝通。而後兩點的解釋，則似乎是否定有鬼神的存在，認為人是有潛意識與第六感的，有些人的第六感特別強，只要增加一點神秘的東西作為憑藉，它就能很準確的發揮出來。

不要以為占筮是只有江湖人物才會玩的把戲。而事實，在中國和香港，很多高級知識分子對卦理都十分有研究。只是兩者間雖然同屬使用《易經》的六十四卦，但對卦理所採取的態度和研究的對象都不相同，甚至占筮的方法也有異

我們不妨把前者稱之為「江湖派」，而後者稱之為「學院派」。

「江湖派」所用的一套，多使用三個銅錢和龜殼，搖出銅錢以定陰陽和爻數。這一派有個名稱為「火珠林派」，對卦之解釋不大使用《易經》的卦辭，它本身有自己的一套理論。

而「學院派」所用的一套，則多使用「揲蓍」之法，是用四十九根長度相若的蓍草來占筮，但因蓍草難求，所以亦有人改用竹籤或木籤來代替。

根據《易經》可以解卦

不少大學的講師與教授，由於他們熟讀《易經》和對《易經》都很有研究，所以，他們通過「揲蓍」取得卦後，就利用《易經》的卦辭去解釋。據說很多時都有一定的準繩度。

在這方面素有研究的何文匯博士，在他所著的《人鬼神》中，除了教人如何占卦之外，還舉了一些解卦的例子。從這些例子我們可以看出，他是完全根據《易經》的卦辭去解卦。

他說在美國時，有一位要好的同事申請研究獎金，希望預先知道能否獲得。結果何文匯博士替他占得坎卦，就判斷他此次申請必定失敗。理由是坎者，陰也、陷也，而且引用《易經》坎卦六三爻的卦辭：「來之坎坎，險且枕，入於坎窞。勿用。」小象說：「來之坎坎，終無功也。」

結果，他的同事申請獎金之事，果然為獎金遴選委員會否決。

接着，他還舉了好幾個例子，都是用《易經》的卦辭去解釋的，可說真正的「學院派」。

其中，他提到一個女生，占得「渙之蒙」卦，問一位快要臨盆的女朋友能否順產。「渙之蒙」卦是渙卦第五爻動，變作蒙卦。

何博士的解釋使人聽來覺得甚有道理，也覺有趣。

據他解釋說，渙卦之九五爻辭為：「渙汗其大號。渙，王居無咎。」何博士就據此爻斷定那位女士當時情形必定揮汗如雨，而且痛苦得大叫。幸而是九五爻，有王者象，有驚無險，母子亦可平安。

他斷定母子平安是因為渙卦變作蒙卦，蒙卦有啓蒙的意思，如果沒有童蒙，又有何蒙可啓呢？

後來，那位女士的生產過程，果如何博士所推斷的一樣，生產時的確經過一番痛苦和危險，因為小孩雙腳先出，但終於能母子平安，與卦辭所示完全吻合。

何文匯博士是我的好朋友之一，他對《易經》可說滾瓜爛熟，幾乎提出任何一卦一爻，對卦辭與爻辭都能背誦出來，有過人的記憶力。

河洛配卦　亦有一手

不過，「學院派」的人也非每起一卦，均是用「揲蓍」的方法。原因是一般人均不會隨身攜有占卦的蓍草或木籤等東西。所以，遇到有急切的問題，很需要占一課的時候，他們很多時會從身上掏出三個輔幣來，效「江湖派」使用銅錢的方式，只是他們沒有龜殼，只是用兩手掌合抱着輔幣，向空搖幾下然後讓輔幣跌落枱上，就憑輔幣所出現的正面與背面情況來定是陽爻還是陰爻。

通常他們多使用一元輔幣，人像的一面作為正面，是為陽；字的一面作為背面，是為陰。如果搖出來的情況是兩陽一陰，那就是陰爻；如果搖出來的是兩陰一陽，那就是陽爻；如果三面均陽或陰，那麼就是陽爻或陰爻的動爻。

由於每一卦共有六爻，所以他們就要搖六次，砌成一個卦之後，他們也就根據《易經》的卦辭與爻辭去解卦。

至於準繩度如何，他們認為是「心誠則卦準」，這點卻與「江湖派」的意見一樣。

除此之外，還有一種「學院派」的占卦方式是甚麼都不用的，他們是根據來問者在甚麼時間來問，或者自己忽起想占卦問事的時間，就利用那個時間的五行干支來訂卦，也有採用年、月、日、時四柱，用河洛理數的方式來配卦，在得到某一卦後，同樣利用《易經》的卦辭和爻辭去解卦。以前《明報》馬經有一專欄，稱為「以卦論馬」的，就是利用賽馬的時間，年月日時，用河洛理數的方式去配卦。

不過，用《易經》去解卦，有時是需要有很好的靈感才會解釋得圓滿。很多時起卦的人，在得到某卦之後，再查閱《易經》的卦辭和爻辭，往往左測右度都無法得到一個合理的解釋，但每每在事情發生後，又使人恍然大悟者。

記得「以卦論馬」有一次得到「山風蠱卦」之五爻，爻辭是「幹父之蠱，用譽」。當時起卦的易閒先生與馬經版編輯，想來想去都覺得沒有哪匹馬名是貼切的，但賽後卻恍然大悟，大叫走寶。

盲公占卦　屬另一派

「幹父之蠱，用譽」，意思是兒子替父親做事，做得十分好而有令名。

當時馬經版的編輯與幾位同事，都無法度出是指哪一匹馬。

但賽後，他們收到一位讀者來信，說因該卦而贏了大錢。

原來，該位讀者真正的捉到了鹿也脫了角，他並不從馬的名字上鑽。他參出買佐治摩亞馬廐的馬就行了。結果佐治摩亞的馬連連爆冷，使他贏得盤滿缽滿，特意寫信去向馬經版的編輯道謝。

該位讀者的解釋是，當日賽馬，剛好佐治本人因事去了歐洲，廐中一切事務由其兒子約翰摩亞主理。那位讀者就認為「幹父之蠱，用譽」指的是這事。所以，他當日就逢佐治摩亞廐下的馬出賽都投注，結果三爆冷門，使他贏個不亦樂乎。

馬經版的編輯與各同事閱畢該位讀者的來信後，都大嘆走寶不迭。

從以上這個故事可以看出解卦是需要有靈感者，其中固然涉及個人的財運，若無財運的話，縱使你去分析它五個晝夜，亦未必明白真正的意思在哪裏。但有時信手拈來，卻每又一箭中的。

據我所知，本港有幾位河洛理數的高手，他們在遇到有甚麼疑難之事，每每可以做到不動聲色，就能心中盤算出甚麼「卦」來。這是不必使用任何工具而可以取得「卦」的一種方式，是近乎「梅花易數」的一種術數。

至於「江湖派」的起卦，使用三個銅錢和龜殼者，有個名稱為「火珠林」的，最多為盲公使用。

本港有一位盲公是這方面的高手，那就是人稱「盲公陳」的盲公，我與他也是相熟的，還與他打過幾場天九，他每次取得牌後，順手一摸，便能知道手上有甚麼牌，記憶力非常之強。

他的顧客中不少是本港的知名藝人，而其中也有過一些很有趣和詭異的事。

高手占卦　似有異能

「火珠林」的卦，雖然同是用《易經》的六十四卦，但業此者卻完全不用《易經》的卦辭或爻辭去解卦，他們有自己本身的一套解卦方法。他們把卦中各爻分別定為父母、兄弟、官鬼、子孫、妻財等，而且每一爻都有一定的天干地支，同時亦講究五行生剋制化及節令等。

雖然「火珠林」有着種種的法則，但業此者的高手，卻很多時使人莫測高深，而且還帶有一點詭異的成份。

現在先說一個占卦的故事，業者是一位盲公，顧客是一位從美國回來的華裔商人，姑名之為李先生。

李先生因為妻子在美患病，這次因商務關係來港，打算辦妥事情便立即飛回美國去。但聽人說香港有一位盲公占卦很靈，便也在朋友慫恿下姑且一試。

這位李先生在到達盲公的占卦館時，見有不少人在輪候，心中已覺奇怪，為甚麼香港會有那麼多人相信占卦這回事呢？

在輪到李先生之時，李先生說明來意，說明希望占一卦，問一下太太的病何時可以治好，同時說了一個謊，說太太患的是癌症。

盲公在占得一卦後，吟哦良久，隨着再掐指計算。

終於盲公開腔了，但一開腔已令這位李先生大感奇怪。

原來盲公說：「依卦象來說，你的太太並非患有癌症，她雖然有病，但不應該是癌症，是診斷錯誤吧！現在我告訴你，你的家門前種有三棵竹樹，回去後馬上把它們砍掉就沒有問題的了。」

李先生聞言，輕輕的伸出了舌頭，暗想這位盲公確實厲害。因為他不可能知道人客住在甚麼地方，更不可能知道門前有三棵竹樹。

李先生馬上回去砍掉竹樹，自無疑問。

但事後有朋友問及我，盲公是如何算出人家門前有三棵竹樹的，因為這事多少也帶點詭異的性質。

藝人故事　詭異傳奇

在解釋盲公如何算出人家門前三棵竹樹之前，先再說一個更使人莫名其妙的故事。

話說有一名藝人，可能因工作過度的關係，患上了某種疾病。

由於在藝人圈中，不少人有疑難之事都喜歡去找盲公占一卦的。

這位藝人，姑諱其名，名之為「冬冬」吧，那年得了一個病，久治不好，於是又想起到盲公那裏去占卦，問何時可以痊癒。

預先約好了時間，這位藝人到盲公的治事之所，說明了來意之後，盲公就開始搖龜殼。不久，就占得一卦。

盲公所占得的是甚麼卦我不清楚，但據說他的解釋是十分使人奇怪者。

他對那位藝人說：「你得的病，帶點邪氣，是台灣得來的，如果你最近再回台灣拍戲，台南某處有一觀音廟，你不妨到那廟裏去拜一次神，然後再在廟裏見水就飲，飲到你無法飲得下為止。」

盲公這番話，使這位藝人瞠目結舌，哪有這樣治病的道理？一時間不知所對。也合該湊巧，不久，這位藝人果然再帶病到台灣去拍戲，而且是到台南。在一個很偶然的機會，到過該處的一間觀音廟。這時，這位藝人便想起了盲公的話。心想不妨姑且去拜一次神，見水就飲，有效沒有效也沒要緊。

果然，他就在這種情形之下，依足盲公的話去做。

當然，他亦有繼續看醫生，但說也奇怪，此後藥石似乎特別有靈，不到一月，他的病霍然而癒了。

這個故事流傳很廣，很多人都聽過，也有不少人問過我，這到底是怎麼的一回事。

這世界上，其實是有很多詭異的東西着實無法解釋的。有人認為這位盲公有一種天眼通的異能，我既不敢否定也不敢證實。但無論如何，他的解釋，已超越了「火珠林」之限了。

神乎其技　近乎通靈

前文所提到的，盲公從占卦知道人家門前有三棵竹樹，和教人去觀音廟飲水之事，可以看出盲公的解卦確是神乎其技的，要解釋只能說是近乎通靈的問題。

有人認為，學禪而到達某一個境界，是會有天眼通的本領。前述盲公是否通禪，我不知道，但亦有人說他多少懂點茅山之術，我是相信的。但情形是否如此，我也不敢肯定。在江湖上，異人很多，有不少事物是極難以常理解釋的。

我本人也有過這樣的一個經驗，只是情況不如前述故事的詭異，但也使人感到佩服的。

多年前因為我感覺到自己住的地方太小，常想搬家，但可能因為自己懂得風水的關係，找房子便變成特別困難的事。價錢合自己要求的，又覺其風水不如理想；在風水上合乎自己理想的，價錢又太貴，是以一直拖延着。

到某年夏天，適好鄰居搬家，我靜悄悄的帶羅盤去看，一看便合心意，便有多租鄰居一個單位的念頭。

但我不知道業主是誰和他住在哪裏，只好到管理處去問，希望他們能介紹我租得鄰居的單位。

就在這段時間，一天晚上，我和盲公陳等幾位朋友在九龍一間酒樓晚飯。席間我忽然想起，何不即席請盲公陳占一卦，看我能否租得鄰居的單位。

盲公陳倒也爽快，即席便叫一位隨他學卦理的人起一課。

接着，盲公陳吟哦一會，然後對我說：「你要租的屋，是坐坤向艮的便對了。」

我當時愕然，我想租的房子確是坐坤向艮的，也就是說坐西南向東北。

隨後他再說，這房子你一定可以租到手，只是價錢稍貴而已。從卦象來看，你要租的房子，風水會是不錯的，適合你們文人居住。

果然，不兩天，我聯絡得業主，租得該單位，但租金確實也比上手住客貴些，亦奇也！

一掌金訣　代代口傳

盲眼的人，一般都比較心靜，也就是廣東人所說的「心水清」。

一般會占卦的盲公，大多亦懂算命，而且多數是使用「子平」的方式，也就是俗稱「排八字」的那一種。

那麼，問題來了，一般人算「子平」，必須查出來算者出生的年月日時，天干地支是甚麼。所以，都備有一本稱為《百中經》的書籍或萬年曆，然後可以一一查出來。

但盲公是不可能查書的，那怎麼辦呢？

譬如說，有人來算，他說是一九三〇年九月十五日寅時出生的。要知道一九三〇年是庚午年並不困難，難在要知道當年的九月是否已交寒露，因「子平」必須交節後才算入了那一個月的。更困難的是，還要知道當年（也是說七十六年前）的九月十五日，天干地支是甚麼，否則連時辰的天干地支也無法決定。

開眼的人要解決上述的問題，自然查書就可以了，但盲眼人又怎樣呢？

原來盲眼人有一套稱為「一掌金」的方法，掐指計算，不到一刻就可計出當年某日的天干地支是甚麼、在甚麼時候交節等。

而這種「一掌金」的方法，盲公既不肯去教開眼人；而開眼人因有書可查，也不必去學。所以，盲公就只有教盲公，代代的口傳下去。

其實，「一掌金」只不過是一種口訣，一種計算天干地支的口訣，並無甚麼神秘之處。現在，紫微斗數熱潮掀起，不少盲公亦想學紫微斗數。只是，以我個人的意見來說，紫微斗數較為複雜，他們實在不容易上手的。十八般武藝，並無須要件件皆能，通常能有一兩般武藝出人頭地，在江湖上已可混得不錯，占卦的盲公亦然。所以雖然有人有意去學斗數，但亦並不急於去學。

測字故事　奇怪有趣

談到測字，很多人與占卦混為一談。其實，兩者是有很大分別的，占卦一定要懂得六十四卦，而測字則根本與卦無關。

一般來說，測字分有兩種形式，一種是預先寫好一些字在小紙上捲起，由來客自己抽取，抽到甚麼字，就交由測字者去解釋。

另一種甚麼工具也不需要，只由來客隨便的寫一個字出來，測字者就會給你解釋吉凶。

上述兩種形式，以後者較為流行。但無論採取哪一種形式，測字是十分講究觸機和靈活變通的，它並無一個固定的法則。所以，有些天資聰穎的人，不必怎樣去學也能測得頭頭是道，至於靈驗性如何則是另一回事了。

測字有一個流傳很廣的故事，幾乎人人都聽過的，是說明末時一個太監，測字問國運，先說「友」字，所得解釋是反賊出了頭；改口說「有」字，是大明江山去了一半，再改口說「酉」字，是至尊無頭無腳。

從上述的故事，可見測字要對中國文字之拼合十分熟悉，然後可行。但有時同一個字，問者在不同的時間或有不尋常的舉動，它又可以變成多個解釋。以下的一個故事就是一例：

話說在清代中葉時，有三名書生上京考試，三人聯袂到一測字攤去測字問前程。第一個問的在測字者的枱上寫一「因」字，問能否高中，測字者說必可高中，因為「因」字是國中一人之象云。第二個書生見此，即又再寫一「因」字，問前途如何，不料測字者說，因為這個「因」字是有心寫的，所以看成為「恩」字，要恩科才有機會。第三個書生則索性不寫字，以手上摺扇放在「因」字上說：「我也測這個『因』字」。不料測字者說：「恐閣下難與功名有緣了，『因』字剛好為閣下的扇子壓在中央，成一個『困』字。」結果三人的前途，果如測字者所云。是為測同一字而所得的結論不同。

第四章

紫微斗數

斗數古籍　為數甚少

在中國各門術數中，近年來在香港和台灣掀起熱潮，最多人談論的，當首推「紫微斗數」。

紫微斗數推崇陳希夷，有關他的傳記，不少紫微斗數的書籍都有很詳細的介紹，於此不贅。

紫微斗數源起於宋代，至今已有千年的歷史，但有關紫微斗數的古籍，若與其他各門術數相比，它是較少的。

原因何在呢？據相傳紫微斗數自宋代以後，這門術數的真傳書籍，大多落於宮廷內欽天監之手，而成為皇室內的一門術數，民間懂這門術數的人甚少。

直至八國聯軍攻入北京後，宮廷內不少書籍散失，有部份流落了民間。

據傳當時的欽天監十分重視散失了的書籍，所以憑記憶重新抄寫之外，還怕民間有人學會這門術數。所以，再以真混假、假混真的手法，寫下另一些不真不實的斗數書籍，故意流入民間，使不知真假，莫知所從。由此，紫微斗數就開始出現了不同的派別。而各派別間，在理論上又出現了某一個程度的分歧。

這個故事是我師父親口告訴我的，當然無法在清史中找到資料予以證實，既可能是真實，也可能是以訛傳訛！

由於師父是一位十分重視本門真本的人，所以，他一再向我們師兄弟述說上述的故事，極可能目的要我們珍視自己所學和所擁有的東西。

我在學紫微斗數之前，曾鑽研了「子平」多年，可能由於本身夙慧所限，在「子平」上一直未能登峰造極。直至認識了師父，給他一算，覺得紫微斗數確實另有天地，於是苦苦求他教我，就這樣開始孜孜不倦的去鑽研。

而「紫微楊」這個筆名，也不是我自己改的，是多年前，香港紫微斗數熱潮還未掀起的時候，由於我常談紫微斗數和偶爾替朋友算算，朋友間便互相的稱呼我為「紫微楊」。

有關高手一則故事

至於紫微斗數的徵驗性如何，現在不妨先說一個故事，而這個故事是一位斗數的前輩告訴我的。

話說在五十年代初，大陸剛解放不久，有一位紫微斗數的高手來了香港，他本來一直不大肯替人算命的，因為他在大陸另有所業，並不以紫微斗數為生。但來港後，由於生活問題，便也掛牌偶爾替人算算，但收費奇昂。

據說，有一天，有一位人客上門，報稱姓吳的，說明自己是某年某月某日某時出生後，這位斗數高人便替他起星盤。

約半個小時，星盤起妥後，高人對着星盤熟視片刻，即對來客說：「我不替你算了，你的出生時間是錯的！」

這位報稱姓吳的人客聞語大感愕然，隨着說：「你甚麼都沒有問我，如何知道我的星盤是錯的？」

這時，高人輕輕的呷一口茶，然後說：「因為你是姓吳的，所以我肯定你的星盤是錯的和不替你算。」

報稱姓吳的人客不禁跳起來，正待發作，但按捺着性子說：「姓甚麼也與星盤有關係的嗎？」

高人好整以暇的說：「一般來說，姓甚麼是沒有關係的，但你的星盤卻甚有關係。」

報稱姓吳的人客這時顯得甚為不悅，暗忖這位所謂紫微斗數高手不知是否徒有虛名，便對高人說：「你且說個道理給我聽。」

高人這時才揭開謎底，對着這位報稱姓吳的人客說：「根據你的星盤命宮在午，擎羊星獨守，並無混雜任何星曜，是正式的『馬頭帶箭、威鎮邊疆』的格局，再配合三方四正的星曜來看，你應該是一名上將，但環視現今中國的著名上將中，並沒有姓吳的。所以，我斷定你的星盤是錯的。」

報稱姓吳的人客聞語，默然良久，終於說出了自己的真實姓名來。

當年名將　吐露身份

報稱姓吳的人客，終於說出自己是姓衛的，在準備再繼續說下去時，斗數高人立即比他更快的說：「啊，原來你是衛立煌，那就對了」

接着自然是推算他的過去與未來，如數家珍，使衛立煌大為嘆服不已。斗數之奇，有如此者。

擎羊星本來是四煞星之一，一般人都把它看作凶星，但實際上擎羊星十分注重落甚麼宮度，如落在辰宮和戌宮，很多時是凶不為凶的，是為廟位也。

擎羊星還有一個很大的特點，落在本宮不但不甚怕，有時還代表權力，最怕是落在遷移宮正照。

合理的解釋是，擎羊星本來是代表刀凶的東西，落在本宮代表刀子在自己的手上，衍生而為權力，但落在遷移宮則情況大異其趣，是為刀子正對着自己，多少也構成一種威脅力。

這是只遇到擎羊星而不遇火星與鈴星為準則，否則三煞並照，又是另一回事了。衛立煌的星盤，就是擎羊星獨守，而且在午宮成為「馬頭帶箭」格，因此凶不為凶，更成為當年的名將。

除了大格局的推算準繩之外，由於紫微斗數分有十二個宮度，包括命宮、兄弟宮、夫妻宮、子女宮、財帛宮、疾厄宮、遷移宮、奴僕宮、事業宮、田宅宮、福德宮、父母宮，人生要知的事幾乎都已包括在內。所以，紫微斗數推算一些細微的事情，確是有它的一手的。而對運程推算之準確和細緻，更非鐵板神數可及。

根據我個人的經驗，紫微斗數推算疾病，更為奇準。

在我個人意見認為，一些非人力所能控制之事，一般術數會推算得十分準確，一些人力可加左右的，有時極可能就會出現偏差。

舉例來說，很多疾病不是人力所能控制的，一個人生了癌症，甚至醫生也不知道他為何會染上此病，但如生兒育女等事，在今日避孕方法之有奇效的時代，就等如人力足以加以左右了。

斗數所長　全盤結局

很多人喜歡以紫微斗數與鐵板神數比較。在六親方面的推斷，一般都推許鐵板神數，而在運程方面，則認為紫微斗數較勝一籌。

那麼說來，紫微斗數在六親方面是否吃盡了虧呢？

那又不然，紫微斗數仍有其佔上風的一面。只是鐵板神數把每一個時辰分為八刻，而每刻又分十五分，在推算六親方面，對眼前的情形，可利用一時八刻反覆考證，但對未發生之事，因為無從考證，所得結果，未必可以勝過紫微斗數。

舉例來說，一個人在七八歲的時候，本身是長子，父母健在（可能還有兄弟，只是未出生而已）；那麼，鐵板神數算出來必然是「孤身一人，並無兄弟扶持」，到過得幾年，假如他添了弟弟，再去算時，又會算出他是兄弟二人或三人。至於子女方面，情況亦一樣。

但紫微斗數就不同，它不必考刻考分，但從天盤的兄弟宮中，已大約可看出他兄弟有幾人、兒女有多少等。

所以說，若只是從某一個階段截取來看，在那個階段中的六親情況如何，自然是鐵板神數較為準確，因為它可利用一時八刻去考證。

但若以個人一生全盤來看，說明結局時會如何的，則紫微斗數又似勝一籌了。

又如婚配方面，鐵板神數最擅長的是可以算出配妻或配夫的生肖。但這亦多是結婚以後才可算出來，而且算得十分準確。在結婚之前，鐵板神數很多時對配偶的生肖是不提的。

雖然，偶然亦有人在還未結婚時去算鐵板神數，同樣可算出配偶的生肖，只是準繩度很多時會打一個很大的折扣，甚至結婚之年亦會出現錯誤。

紫微斗數則不然，它雖無法算出配偶的生肖，但對於一個人在哪一個大限結婚，又在哪一個大限時婚姻的情況如何，則比鐵板神數又更為明朗。對一切未發生的事，紫微斗數肯定是不會輸予鐵板神數的。

紫微斗數　易學難精

在紫微斗數掀起熱潮的這麼多年來，不少人都能按照紫微斗數書籍所載的方法，起列星盤，只是，星盤起好之後，能夠詳細予以分析的人又不多。

起列紫微斗數的星盤並不困難，現在更可用電腦起星盤，困難的地方在於能給予合理和詳盡的分析。

這情況頗似於學習「子平命理」，要學懂如何起列四柱並不難，一般人大概花一個小時就可以學會，但能夠說明用神和詳細準確分析的，就非浸淫一段長時間不行。

紫微斗數難學之處在於它分有十二宮，某一星曜進入某一宮度，很多時都有不同的解釋，如天機星進入兄弟宮或夫妻宮，都有不同的意義，更何況有時候數星相會，再加上三方四正的影響，它又可以出現完全不同的情況。

所以說，學紫微斗數在學懂如何起列星盤後，還要花頗長的時間去研究，最好當然是有名師的指點，然後可以有成。

特別是在目前環境中，不少誤導人的書籍出版，更有人發明不少新方法，都足以使初學者走入歧途的。

我看過不少坊間的書籍和一些講義，大多搔不着癢處。

舉例來說，斗數在看流年方面是頗為重要的一環，但又有哪本書籍或哪份講義很正確地去教人看流年？

在《天網搜奇錄》中，我將不惜透露多點有關斗數的秘密，目的是希望讀者認識斗數的真面目，同時也駁斥一些人說斗數看流年並不一定準確之說。

在看流年方面，有很多研究了斗數多年的人也會這樣說：是有一部份人準確，但卻有一部份人並不太準的。原因在哪裏呢？就是從斗數看流年的人，大多分為看年支（如丁卯年就看卯宮）或看小限兩種，當然還有人發明了一些新方法，如只看丙級星等，但有沒有人說要分陰陽呢？

須分陰陽　疊祿疊忌

大家不妨想想，中國的術數，不管是哪一門哪一派，都是極為講究陰陽的。那麼，紫微斗數看流年，又哪可能不分陰陽而一視同仁呢？

所以，在這裏再給大家一個啓示，看流年是不能拘泥於一定是看年支或看小限，必須知道有人是根據年支來看準，有人則看小限準。但如何決定呢？那就要分陽男陰女和陰男陽女。當然這其中還有例外，就更少為人知了！再有如某些星曜如果化忌，是會應在甚麼時間，一般的書籍或講義亦少透露。

舉例來說，如今年是丙戌年，廉貞星化忌，假如是在事業宮的話，那麼當然是顯示今年事業上是有麻煩了，那麼，會應在哪個時間呢？當然，這可在流月中尋端倪。只是大勢所趨，廉貞化忌一般會應在哪段時間呢？我們必須知道。我舉此例，是因為今年是丙戌年，大家可以作為檢討的例證。通常來說，廉貞星化忌是應在五月之前的。

所以，廉貞化忌如落在事業宮，有麻煩的話一定是發生在五月之前，徵驗性是甚高的。

但有一點大家必須知道的是，紫微斗數是十分講究「疊」的，「疊」的意思是兩個重疊在一起，舉例來說，有「疊祿」和「疊忌」，假定某人是丙申年出生的話，那麼他在今年丙戌時就是廉貞星雙化忌與天同星雙化祿。當然，除了同一星曜可以「疊忌」與「疊祿」之外，不同的星曜化祿或化忌時相逢，也是「疊」。在單化忌的時候，很多時現象並不顯著，風水也能予以解拆，但遇到「疊忌」的時候，現象就會十分顯著，風水縱能解拆，亦必有痕跡。有時甚至鬼遣神差的使到風水先生也徒呼荷荷！現在，我先說一個廉貞星雙化忌的故事。

話說在乙丑年年底（一九八五年），在大約聖誕節過後不久。一天晚上，有幾位朋友相約在酒家晚飯，座中一位初相識的女士知我是懂紫微斗數的，便給我看她的星盤，是她的朋友替她草列的，我一看之下，默然良久，終於……

廉貞化忌　守疾厄宮

這位初相識的女士，姑且名之為黃小姐吧，在未宮紅鸞星守命，樣子相當漂亮，丙申年出生，當年是虛齡三十歲，未婚。

她的星盤由於天盤福德宮是在酉宮，廉貞星化忌與破軍星同守。所以在丙寅年時，疾厄宫便變成了廉貞星雙化忌，肯定會有關血的疾病，如腎病等。至於是否有生命危險，必須兼看夫妻宮與田宅宮，由於她是未婚的，所以夫妻宮可以不論（為甚麼生死必須看夫妻宮，理由容後再述），但她的田宅宮並無問題，所以斷定她最多是遭遇一場嚴重之疾病而已。

但為了謹慎和確定她的出生時間無誤起見，我當時就問她一個問題：童年是否經常生瘡，如頭瘡或背瘡等。結果她說不錯，童年時曾因為背生瘡而受到很大困擾。

至此，我知道她的星盤是準確的了。

天綱捜奇錄

我替人算紫微斗數，很多時在星盤起列後，都會先考考幾個問題，目的是決定被算者的出生時間是否有誤，情況近似於鐵板神數的考時定刻。

雖然，紫微斗數可從星盤上看出一個人的型格，但遇到如黃小姐那樣的星盤，命宮並無大星相守，要看對宮的星曜時，很多時準繩度就並不那麼高。原因是本宮無星，三方的星曜多少都增加了影響力也。

在確定了黃小姐的星盤準確之後，當日我便對她說：「明年丙寅年，由於廉貞星雙化忌在疾厄宮，看來年初你即會有一場病，而這場病，據我估計應是腎炎之類，而且是會發生在五月之前的。」

當時在座的幾位朋友，都是與黃小姐十分友好的，其中一位李先生立即問我，有何解拆之法可以消去這場病災。我想了一下之後，便對各人說：「紫微斗數只能看出一個人會有甚麼事情發生，本身是無解拆之法的，要解拆就必須靠風水。」

結果，李先生就向我提出一個要求……

家宅風水　星盤配合

李先生記得我曾在《術數述異》中寫過，通常一個人如果遇到甚麼災難，很多時家宅風水也會接着出現問題。所以李先生便問我，可否替黃小姐的家宅看一次風水。但李先生的要求被我拒絕，同時我向他們解釋，為甚麼我不宜去看。理由是，如果由我去看，成功與不成功，都不甚好，最好是另請高明。因為如果由我去看，果然發現了風水上確有問題，而又作適當的解拆，黃小姐一點事也沒有發生的話，大家很可能懷疑我在嚇人。萬一解拆不來，由於是雙化忌的關係，大家又會懷疑我的功力。所以，在這種情況下，最好是另請別人去看風水。

大家雖然聽我這麼說，初時還是執意要我去看，但在我再三推辭之下，他們當中便有人說：「我認識一位風水高人馬師父，不知你是否認識他，如果請他去看你又覺得如何？」

他們是在徵詢我的意見，當下我便立即說：「馬師父是我的好朋友，不過他等閒不易為人看風水的，能請到他就最好不過了。」

結果，這事就這麼決定，由他們當中熟悉馬師父的人去約。

事情過了兩週，由於我不知道他們是否已約到了馬師父，一天下午，我忽然心血來潮，想知道一下此事的究竟，便打電話給馬師父，寒暄幾句後便問最近可有替一位黃小姐的家宅看過風水。馬師父在電話中當即說：「前兩天看過了，黃小姐的住宅是兼線的，住宅應沒有問題，只是她住的房間走坎宮門，明年丙寅年五入中，她可能有病，所以已經勸她改門，改為走艮宮門，而她住的房間房門十分易更改，所以作出此議。」

此事至此本來告一段落，但不料到了丙寅年年初十左右，我突然接到李先生的電話，他在電話中說……

鬼遣神差　擱置改門

李先生在電話中對我說：「黃小姐昨天因患腎炎，送了入醫院……」

我還不等他說完，便急不及待的問他，黃小姐是否已照馬師父的意思改了門。

李先生這時嘆口氣說：「人的命運有時也真奇怪，應該發生的事似乎是注定了似的。黃小姐本來是十分相信你和馬師父的，所以，她已決定請泥水匠替她改門，不料……」

不料怎麼，我急不及待的問他，是誰人使她改變了主意。

李先生說，並非有人使她改變生意，只因為在年尾期間，她認識的裝修公司都很忙，無暇在年底替她趕工。不料就在她不知如何是好的時候，黃小姐的父親說，不如等過了年再作打算，通常在年頭的時間，裝修工人會較清閒。那個時候才改相信不成問題。因此，黃小姐就把改房門之事擱置了。

廉貞星化忌是應在五月之前的，而黃小姐因為月令不吉，結果應得特別快，就在年初九之時，她突然感到十分不舒服，家人把她送入醫院，經過檢驗，證實是患了腎炎。李先生在電話中問我，在黃小姐送了入醫院後，現時改門是否仍然有效。我記得當時曾說，當然不及未送院時好，但改終歸是要改的，可能的話，就應該從速改好，因為黃小姐終有痊癒回家休養的時候。

據說，在李先生把我的話轉告了黃小姐的家人之後，他們就立即請裝修工人開工，將黃小姐所住房間的門，由坎宮門改為艮宮門，完全依照了馬師父的意思。

說也奇怪，亦十分湊巧，就在黃小姐的房門改好後的那天，黃小姐就適在那一天出院。而在丙寅年整年中，她的病亦沒有再發作，人一天比一天健康。

對於此事，事後朋友談來也嘖嘖稱奇，奇怪於紫微斗數的星盤能有如此準確的顯示，再加上鬼使神差，雖有名師指點，也難逃一劫，亦數之不可逃乎！

註：馬師父已於二〇〇五年乙酉年端午節前幾天辭世，作為好友，重讀本篇時，不禁心內黯然難受良久。

廉貞化忌　守田宅宮

廉貞星是一顆變化多端的星曜，同時也屬桃花的星曜。它在每一個宮度和會合某些星曜，都可出現不同的變化。所以，遇到廉貞星化忌，就必須小心地研究。它所能引致的疾病，範圍十分大，包括由嚴重的意外傷亡、癌症、腎病、膿瘡以至性病。

現在我再為大家述說一個故事，這個真人真事的故事同樣是發生在當年丙寅年的。

有一位朋友張先生，是紫微斗數的發燒友之一，他鑽研了斗數多年，以自學者來說，已算是有成績的了。他常常拿一些星盤來問我，很多時我給他解說之後，他又會用記事簿把我說的東西一一記下來，是十分有耐性和有恒心的一位斗數迷。

在一九八五年（乙丑年）年中之時，老張有一天拿一張他自己草列的星盤給我看，是一位女士的，上面只寫着陳小姐，丙申年出生的，當然也是廉貞星化忌了。

不過，她的星盤是廉貞星與貪狼星同在巳宮的，由於是丙申年出生，所以還有祿存星同宮。

在當年丙寅年，她便是廉貞星雙化忌同守田宅宮。以我個人經驗來説，廉貞星雙化忌同守田宅宮，很多時是應在家中老人家會出問題的，所以，有父母在堂的話，那年就要特別小心。

多年前曾在《明報》寫專欄的鄧拱璧小姐，她的星盤我看過，但不是我草列的。鄧小姐的父親是名騎師鄧文華，撞死之年就適為鄧小姐的田宅宮遇到廉貞化忌。可作一例證。

老張給我看的那位陳小姐的星盤，雖然與鄧小姐的不同，但先後遇廉貞化忌守在田宅宮則一。所以，我的反應第一就是想知道她是否還有父母在堂。本來這是可在星盤上看出來的，如果仔細去看的話。但我當時實在不想花太多的時間，便索性問老張算了。

老張隨口的答我説，陳小姐七歲時父親已去世，現時與母親同住。至此，我不得不拿着星盤再仔細推算，然後問老張……

女性生產　可減凶燄

我再問老張一兩個問題，目的是要確定星盤的準確性。首先我對老張說，這位陳小姐原天盤是天府星守命在卯宮，應該是頗為漂亮的。

老張說得很對，但接着問我為何天府星在卯宮守命的女性會是漂亮的呢？

這其中就有一個很關鍵性的問題，而這個問題目前很多人學斗數都忽略了的。那就是凡看一位女性是否漂亮，除看是否有紅鸞星和煞星同纏及三方四正的星曜之外，有時還須看父母宮。

理由為父母宮在古籍中稱為相貌宮，而一個人得自父母的遺傳，相貌多少都會與父母有點相似，這是很合理的。

天府星在卯宮時，父母宮就是太陰星守，是為陷宮，所以必定漂亮。

很多人有這樣的誤解，以為太陰在廟宮守命的女性才漂亮，其實是錯的，應該是陷宮守命者更為漂亮才對。

老張聽我的一番解說之後，作恍然大悟之狀，然後問我還有甚麼問題要問。

接着我對他說，這位小姐是否在一九八五年（乙丑年）五月之前顯得很低潮，甚麼都沒有興趣似的。

老張說這也對。至此我知陳小姐的星盤是準確的了。

既然知道陳小姐的星盤準確，就開始替她想一些解拆之法。

通常廉貞星雙化忌守田宅宮，是主家中有人意外受傷或見血等情，特別以長輩為然。但有一點不可不知的是，如家中有人生產，也算是見了血了，可減去廉貞化忌的兇惡程度。

所以，我便對老張說，陳小姐的姊姊都已出嫁了吧？老張說對的。

我接着說：「如果陳小姐的姊姊現時懷了孕，明年丙寅年生產，那對陳小姐的家宅來說，會是一件好事。這一點你不妨先查明，現在是年中，是關鍵性的時刻，你可以去問問陳小姐然後回來告訴我。」

老張果也熱心，真的去問陳小姐，但結果所得答覆是她的兩位姊姊都無懷孕的象徵。

劫數難逃　令人慨嘆

老張把實際情況告訴我後，我不禁感到有點失望的感覺。再追問老張，是否真的知道陳小姐的兩位姊姊在近期都不可能懷孕。

老張這時嘆口氣說，陳小姐的大姊是離了婚的，固然不會懷孕；而她的二姊，丈夫卻是海員，大約要兩個月後才會回來，所以短期內亦不可能懷孕。

情況是說明了陳小姐的家宅，在丙寅年不可能有人生產。那麼，血光之災看來必須另想辦法去避免了。

至此，我便向老張提議，請名家替陳小姐的家宅看一次風水，且看她的家宅風水是否有問題，和有甚麼辦法解拆。

老張馬上打蛇隨棍上，要我執行這次任務。但我說最好是另請高明，試看客觀的推斷如何。

結果，老張很熱心的去找到一位同是姓張的風水先生，是我也認識的，去替陳小姐相宅。

據後來那位風水先生告訴我，陳小姐的住宅是午子向的，五運造，開震宮門，是為二三到門。他建議在入門處掛一風鈴，應是有很大作用的，因為接着來的流年是五到中及四到中，飛星將分別為三到門及二到門。

我聽他這麼説，也覺得很有道理，問題所在的地方應該可以解決了。

後來老張還是不放心，再來追問我，我便對他説，照情形看，陳小姐的家宅問題應可解決的了。

時光荏苒，轉眼到了丙寅年，就在元宵節前兩天，老張有一天突然來找我，告訴了一件使我大吃一驚之事。

原來就在過了年後不久，陳小姐的祖父，是獨自在別個地方居住的，突然因病厭世跳樓身亡。

老張顯得萬分感慨，覺得一切既離奇亦來得突然，而陳小姐事前亦未有提及他有祖父獨居之事，她可能以為不同住便沒有關係，結果，廉貞雙化忌在田宅宮，終於應了老人家見血而亡。術數之奇，有如此者。

斗數精髓　在於四化

紫微斗數的精髓部份在於「四化」，也就是各星曜的「化祿」、「化權」、「化科」與「化忌」。

學紫微斗數首先便要對「四化」讀得滾瓜爛熟，直至一看到是某天干，便能立即自然反應知道是甚麼星化祿、甚麼星化權等。它既是斗數最獨特的部份，也是斗數推斷吉凶最重要的一個環節。

照說，在這麼重要的一個環節上，紫微斗數雖有派系之分，但這方面是不應有分歧的。

但事實卻是，紫微斗數在不同的派別，便有不同的「四化」，只是分歧不大，所差甚微而已！

舉例來說，我所學的紫微斗數，與台灣那一派的紫微斗數，在「四化」上就有出入。台灣的一派紫微斗數，天同星是不化忌的，所持的理由是天同星是福星，所以不化忌，他們遇到「庚」時，與「乙」同樣是太陰化忌。
又有一派卻是遇到「庚」時，天同星也是不化忌，但又不是太陰化忌，卻是天相星化忌。

到底是哪一派才對呢？當然是各人有各人的理由。

但以我自己的經驗來說，應該是遇到「庚」時天同星化忌才對的。

那麼在徵驗方面又如何，我這裏不妨說出幾個例子，是徵驗性奇高的。第一，天同星如果雙化忌守在疾厄宮的話，那麼，那人的腳部必有問題；單化忌的話，問題還不那麼嚴重，最多是患爛腳或香港腳，雙化忌的話，則腳部極可能會有膿瘡或撞傷而需要開刀或動小手術。

而天同星雙化忌守田宅宮的話，則必須看命宮三方四正是何星曜，如果遇到不吉的星曜，或遷移宮遇到廉貞化忌與七煞同宮的話，則會有頗大的災險，特別以遠行為然。

天同星雙化忌守田宅宮，家庭內很有愁雲氣氛的意味，所以遇到這種情況時，應小心看其他會照的星曜。如果吉星會照的話，居室會進行大事裝修或更換許多東西，徵驗性是甚高的。守夫妻宮的話，那又如何呢？

流年化忌　有機逃脫

天同星守夫妻宮，如果化忌的話，通常顯示有感情上的困擾。

由於天同星並非桃花星，所以這種感情困擾，大多出於情緒化的，並非有第三者的介入。

只是如果遇到雙化忌的話，情況就嚴重得多，未婚者在情緒上會極為低落或感到不知何去何從，而已婚者則很多時會弄致分居甚而至離婚。

以上所說的一切，都是徵驗性奇高者，甚至可說百發百中。由此，我一直認為，天同星不化忌之說，實在是很難成立的。

而且天同星化忌守夫妻宮的個案，我也見過幾個，都是脫離不了感情上的困擾。

有一位未婚的女子，姑名之為伍小姐吧，人長得相當漂亮，只可惜她到論嫁之年時，適好遇到天同星化忌在大限中守夫妻宮，是故男朋友雖多，但經常有感情的困擾，自己亦不知何去何從，到現在摽梅已過，仍然嫁杳無期。但身邊卻經常有男朋友，亦奇事也。

通常，如果天同星化忌守夫妻宮只在流年中遇到的話，對已婚者來說，很多時可以逃過，但大限遇到的話，就較為困難了。因為流年只管一年，而大限卻長達十年，幾乎可說避無可避。

我見過一位太太，姑名之為何太吧，在一九八〇年（庚申年）時，就是遇到天同星化忌守夫妻宮，當日他們兩口子搞得很不開心，正準備辦分居的手續。

恰好她有一位同學姓黃的與我是好朋友，在老黃提議和介紹認識之下，邀我替何太算一次紫微斗數。

記得當日在星盤草列後，我一眼便看出何太當時有感情上困擾之事，但因為她只是流年遇到，所以，我認為是有解拆之法的。

在「寧教人打仔，莫教人分妻」的觀念之下，一般真正鑽研術數之人，遇到這種情況，大都肯去傷腦筋的。

結果我問了何太幾個問題，想到了一個辦法。

怕寡宿星　守夫妻宮

在問了何太幾個問題後，確定了她的出生時間準確，對着流年遇到天同星化忌守夫妻宮的星盤，我不禁想到，是否可以用對待「寡宿」的方法去處理？

在說出我教何太的方法之前，不妨先說一下「寡宿」守夫妻宮的徵象。一般來說，「寡宿」雖然是一顆很小的星曜，但卻是頗為怕它守夫妻宮的星曜。古有「孤辰怕守父母宮、寡宿怕守夫妻宮」之說。

望文生義，寡宿是獨睡的意思。因此，天盤寡宿守夫妻宮的人，再遇到煞星拱照夫妻宮的話，很多時是很難成婚或者很遲才結婚者。

如果已婚的人，在大限遇到寡宿守夫妻宮時，同樣遇到煞星拱照的話，則在那個大限之內很易離婚。

但如果流年遇到的話，很多時卻不一定是離婚的，但必定發生一些事，使到當事人確有「寡宿」的現象，其一就是配偶有遠行，當事人自然是獨睡了，這是較有運氣的一種；另一則是配偶有病，入了醫院，那麼當事人也是獨睡。

而且除此之外，還有一個很奇怪的現象，是夫妻宮遇到寡宿時，夫妻分牀睡甚或分房睡，夫妻間不單只感情較好，同時很多時避免了上述兩種情形的發生。

所以，對着何太的星盤，我就在想，是否可以人為的使其中一人遠行，避過夫妻宮發生天同星化忌的影響？

本來在何太要我替她算斗數之時，眼圈都已紅了，情緒也有點激動，但聽我說着說着，情緒就漸漸穩定下來。

終於，我問她，是否有興趣在短期內作一次外遊？

不料何太對我說，她的夫婿為了業務的關係，短期內會去台灣一次，只是可能逗留時間頗長，說不定會去三數月，她原擬與他一同去的，但現在大家弄到很不愉快，不知如何是好。

我連忙說：「這是『天造地設』！」

夫婿遠行　和好如初

我直接的對何太說，她的夫婿既然短期內會去台灣，那麼就讓他自己去好了，不可隨同他一同去。大家小別一段時期，就算不信紫微斗數，也應相信有一段冷靜時期，對兩人都會有好處。

但何太仍然躊躇着，我看出她是不放心丈夫獨自去台灣，顯然對丈夫仍有深厚的感情，更怕丈夫在台灣拈花惹草或者有外遇。

至此，我便對何太說，應該放心讓丈夫去台灣，因為兩人的夫妻宮都無桃花的星曜，更無紅鸞星與咸池星夾纏。所以，這次的感情困擾，絕不是因桃花的關係，純因大家情緒上的不穩定而鬧至這個田地而已。

何太聽完了我這番話之後，心裏好像已有所決定，客氣的再三言謝後離去。

時光過得很快，轉眼到了翌年初，由於自己本身的工作實在也很忙，也把這事忘卻了。

有一天，在我工作忙得不可開交之時，老黃突然打電話到寫字樓找我，說他的朋友何先生與何太希望約我晚飯，問我甚麼時候有空。

在電話中，老黃告訴我，何先生與何太已和好如初了。並說何太當日聽了我的說話之後，果然讓何先生獨自一人去台灣，自己則留在香港。漸漸的，大家冷靜下來，接着不斷的通長途電話，到年底，何先生回港時，正是「小別勝新婚」，兩人盡棄前嫌，和好如初了。這是流年遇到天同星化忌守夫妻宮的個案，有很強的參考性。而這個個案，使我不斷在想，解決辦法豈不是與寡宿星守夫妻宮很相似。因為過去我也處理過「寡宿星」守夫妻宮的個案，而且在《術數述異》中寫了下來。讀者也許還記得，當時是其中一人有病，我勸他們分房睡或遠行，結果他們接納了前者，再加上風水的助力，終於在醫生悉心治療下回復健康。

這些個案都是真人真事，信斗數者會覺得很神奇，縱使你不信斗數，也覺得其中的湊巧情況實在難以解釋。

男女同居　亦受影響

天同星化忌守夫妻宮，對已婚者來說，在感情困擾的打擊上，當然比未婚者為大。對於沒有正式婚姻關係而僅是同居的男女來說，天同星化忌守夫妻宮同樣會造成破壞力，只是不會離婚，因為他們實在亦無婚可離。最常見的現象是吵吵鬧鬧，有人嚷着要分手，甚至搬開居住一段時間，但不久又和好如初，隨着又再鬧翻，似有週期性似的。我見過一位事業型女性的星盤，人也長得漂亮，只惜先遇到破軍星在陷宮守夫妻宮之後，再遇到天同星化忌守夫妻宮。

破軍星守夫妻宮，古有「非禮成婚」之說，也就是說先有關係然後結婚。以現時社會來說，很多時演變成「先同居後結婚」。而我說的那位小姐，是她在正式結婚後我才認識她的，姑名之為張小姐吧，情況就是如此。

她在破軍星守夫妻宮時與一位男友同居，一直相安無事，兩口子也頗恩愛。到了大限進入天同星化忌守夫妻宮時，兩人開始經常吵鬧，只是「牀頭打架牀尾和」，不久又和好，但和好後不久，又再鬧翻，如是者經過多次，朋友都知道此事。

話說有一次，兩人吵得厲害，張小姐一氣之下就搬去與姊姊同住，索性不見她的男友，也不聽他的電話。

說也奇怪，在張小姐離去後，她的男友不知如何，在思前想後之後，又十分惦念她。結果央朋友說項，勸張小姐回來。

為他們從中作和事佬的朋友，可能覺得他們僅是同居所以才會如此，便勸他們去辦理正式結婚的手續。這時他們本來原已同居多年，過去也一直沒想到辦理註冊結婚的手續。這次經朋友這麼一說，男的也覺得如果大家註了冊，可能會較為穩定。結果，真的去註冊及擺喜酒宴請親友。這位張小姐，在她結婚時我還未認識她的，但她在婚後不夠兩個月，又和夫婿鬧得很不愉快。而我，就在一個很偶然的場合認識她，後來更為她算過紫微斗數，使我興起造物弄人之嘆。

不化忌說　難以成立

我感到造物弄人的理由是：如果張小姐與男友還是同居而未有正式註冊為夫妻，那麼，天同星化忌的困擾，到過了那個大限之後，極有可能回復以往的感情。而且他們兩口子亦吵吵鬧鬧了數年，離了又合，合了又離。但現在他們正式註冊為夫妻後僅數月，又趕着去辦分居和離婚手續，正是何苦由來。

並不是鼓勵男女同居，只是既然同居了多年，那麼遇到天同化忌的大限時，索性同居下去好了，等到過了那個大限才結婚還未遲。總勝過剛註了冊結了婚便又去辦分居手續，無形中拖長了感情上的困擾。而使人感到最為遺憾的，是連復合的機會也相應減少了。天同星化忌守夫妻宮，必然遇到感情上的困擾，徵驗性是甚高的。

所以，天同星不化忌之說，我認為是無法成立了。

天同星雖然是福星，但它守每一個宮度，都有不同的意義，而且也十分講究是在廟宮還是陷宮，以及有沒有遇到煞星的衝擊等。

而且，天同星還有機會與巨門星同宮的（在丑宮或未宮）。巨門星是主口舌是非的星曜，所以，在這個宮度如果是夫妻宮的話，遇到化忌時不吵個天翻地覆才怪。因為縱使兩者都不化忌，也會常常出現意見相左。原天盤如果夫妻宮不吉的話，影響更大，將不止「公說公有理，婆說婆有理」那麼簡單。因為巨門星原為暗曜，最需要太陽的照臨，但在丑宮或未宮時，都是無法會照到太陽的。因為巨門、天同在丑時，太陽就必定在卯宮，巨門、天同在未時，太陽就必定在酉宮。一個是情緒化的星曜；一個是主口舌是非的星曜，在走到同一宮度時，卻無太陽爽直之氣化解，所以說兩者縱使都不化忌，也不甚美妙的，除非其中有一星化祿，或者有吉星拱照，才可破除這兩顆星曜的不良影響。

天機善變　不易捉摸

另一個變化多端的星曜就是天機星，不過天機星是多少帶點機智性的。同時也是在每一個宮度都有不同的意義。若再加上化忌，那就更使初學斗數者難以捉摸。

舉例來說如天機星化忌守父母宮與天機星化忌守夫妻宮，是截然不同的兩回事。

天機星化忌守父母宮，切勿看作是父母早喪，除非父母宮遇見重重的煞星，才可作如是看。因為天機星化忌守父母宮亦多父母長壽者。而且，不少的星曜化忌守父母宮，都不是看作父母壽短者。如巨門星化忌守父母宮，主父母經常爭吵；貪狼星化忌守父母宮遇紅鸞，則主庶出等。

那麼天機星化忌守父母宮又主甚麼呢？

凡看孝服，很多時須兼看田宅宮，如果田宅宮吉，本身大限亦吉的話，那麼天機星化忌守父母宮就主早離父母。

我不久前認識一位朋友，是姓胡的，略識斗數，由於見到兒子的星盤是天機星化忌守父母宮，就以為自己壽短，到兒子長大成人了，自己健康如昔，但仍然既擔心又不知其解。

直到有一天，在一個宴會上，朋友介紹我們認識，他知我識斗數，第一件事就問我有關他兒子星盤的問題。

記得我當時問了他幾個問題，看看他的兒子的星盤是否有錯，然後對他說：「天機星化忌是主早離父母，那麼，你的兒子童年時是否曾經離開過你，如交由別人撫養？」

胡先生至此才恍然大悟和深深的吸了口氣對我說：「這就對了，兒子才十多歲，便已送去了英國讀書，由那裏的叔伯代為照顧他。」

胡先生過去一直擔心着的事，至此才放下了心頭大石，如釋重負。而他之有這樣的擔心，就是因為略識斗數之累。

至於天機星化忌守夫妻宮又怎樣呢？這是要特別小心處理的一個問題，因為可大可小也！

天機化忌　小心端詳

天機星化忌與太陰化忌雖然不同，但在某方面卻多少有點相似的意味。舉例來說，落在夫妻宮的話，都顯示配偶有擔心的事，而天機星化忌比太陰化忌更為嚴重，是可以由擔心演變而為心焦或更嚴重的萬念俱灰，程度如何則須看在哪一個宮度和是否有煞星拱照。

所以說天機星化忌守夫妻宮，小則自己有病，使配偶擔心；嚴重的則可致身亡，以致配偶萬念俱灰。

對於天機星化忌守夫妻宮，給我印象最深的是，我的大師兄就是死於天機星化忌守夫妻宮的。

我只有一位師兄，並沒有師弟，我們師兄弟兩人，在未學紫微斗數之前，已是很要好的朋友。因為我們都同時鑽研了「子平命理」多年，經常交換意見。

大師兄是一位生意人，並非職業命相師，但對中國的術數十分醉心地去研究，「子平」的造詣也很不錯，每次我去他的寫字樓找他，他總留着我一起去吃晚飯。晚飯後很多時又再邀我回到他的寫字樓，一直談到深夜然後各自回家。

直到有一年，他在很偶然的機會下認識了一位紫微斗數的高人，那就是日後的師父，給他一算，算得大師兄五體投地，立即想盡辦法拜師學藝。

在他學紫微斗數後，大約學了一個多月，他便對我説，紫微斗數確實另有天地，對人生細緻之事的確推算得十分清楚，並且建議我也去學斗數。

那時，我對紫微斗數可説完全未有認識，就在大師兄拉攏之下，由師父替我算一次命，結果，也使我覺得這門術數實在值得學。從此，我們師兄弟兩人便暫時放下了「子平」，一心一意學紫微斗數。至於後來我如何向鐵板神數、風水學及六壬數上進軍，已是後話。

大師兄的星盤是天府星在未宮守命，是為日月夾命，戊年出生，福德宮是貪狼化祿會照到巳宮的祿存星。格局是相當不錯的。原天盤是天機星化忌與太陰同守父母宮。

洞悉劫數　疑真疑假

大師兄的星盤在流年走到壬戌年（一九八二年）時，適好是天機星化忌守夫妻宮，而他這顆天機星是頗惡的，因為有煞星拱照也，所以原天盤守父母宮亦致早年喪父。

而問題的嚴重，並不單只天機星化忌守夫妻宮那麼簡單，由於加上流年壬戌年，武曲星化忌，他的武曲星當時適好落在疾厄宮，清楚顯示他有一場疾病或劫數會令妻子十分擔心和焦慮，而更不幸的是，他的福德宮再遇上天梁化祿。結果，劫數難逃，大師兄就在壬戌年患上了癌症，而武曲化忌一般是應在年底的，大師兄就在年底時去世。

大師兄之去世，當然使到太太痛不欲生，這又正是天機星化忌所顯示的跡象。紫微斗數顯示事件之吻合，有如此者，能不說它神奇？

至於大師兄之去世，事前他自己又是否看到這一劫數呢？這是很多人都問過我的問題。

話說大師兄在還未學紫微斗數之前，對「子平命理」已有相當造詣，他早已看到在壬戌年時會有一劫，只是不敢太肯定。

到他鑽研了紫微斗數後，對情況看得更為清楚，而且一再的向我提出這個問題。我當時心裏雖然覺得也是不妥，但在沒有想到妥善的解拆辦法之前，一直不敢表示意見，怕影響他的心理。

而人對自己的命造，很多時都不免有偏見，而大師兄雖然鑽研術數多年，也擺脱不了這個傾向，有時在千方百計去自圓其說，有時又在懷疑自己的出生時間是否準確。

大師兄與我相交多年，過去他的運程如何我是清楚的，所以知道他的星盤不會錯。而大師兄之自圓其說與懷疑星盤的準確程度，自有其不得已的苦衷，而我也很明白。

記得那年初，我想到了一個解拆的辦法，向大師兄提出。

遷移不成　解拆無功

當時我的意見是，本宮既然不美，困厄重重，但遷移宮適好天同星守，是為福星，過了遷移宮後，福德宮成為太陽相守，財帛宮變為天梁化祿。與在本宮時大異其趣。

所以，我就憑這個見解，建議大師兄立即移民到別處去，移民去外國，在斗數的星盤來說，相等於過了遷移宮。

當然，遷移宮如果不美，遷移也沒有用。但大師兄的星盤，當年的遷移宮是不弱的，所以，我認為大師兄若能及時移民的話，或可逃過一劫。

大師兄聽了我的建議，初時也頗感猶豫，原因是移民的話，就必定要結束香港的生意，這是他最捨不得的。而且，那個時候他還一點病徵也沒有。

大師兄到底是懂術數的人，雖然他千方百計的去自圓其說和希望自己的星盤有錯，但也抱着寧可信其有的態度，結果真的去申請移民，準備把本港的生意交給弟弟打理，自己則攜同妻兒到加拿大定居。

只可惜，他申請得太遲，就在那年十月，他開始病發了，經醫生檢驗證實是胃癌。

他住院時，我每次去看他，他還是念念不忘斗數，和我討論他自己的星盤。

當然每次我都盡量安慰他和開解他，暗中卻希望他在做完手術後，回復健康，立即移民去加國。

但不知如何，他的申請一直被拖延着。

到了那年十一月，他的病情惡化，據事後他的家人對我說，那時他幾乎每天都在掐指計算，計算自己是否可以走過這一關。而病情十分惡劣時，移民的申請批准了，但在這種情況下又如何可以起行呢！

終於，在十一月底時，噩耗傳來了，大師兄終告不治。

大師兄的星盤完全應驗了，天機星化忌守夫妻宮，使太太由焦慮而至痛不欲生。

命中注定之事，有如此者，縱使想到解拆之法，仍是劫數難逃。

太陰化忌　亦主擔心

大師兄之去世，對我來說是一項重大的損失，從此我失去一個可以經常互相在術數上切磋的同門。

這個故事，我在《術數述異》中寫過，今次重提，是為了說明天機星化忌守夫妻宮遇到煞星時的可怕，加深讀者在這方面的認識。

前面我說過，天機星化忌與太陰化忌，在意味上有點相似的地方。所以太陰化忌守夫妻宮，也是主妻子有擔心之事。因此，很多時在太陰化忌守夫妻宮時，就變作自己有病或有困難是非之事纏繞。

同時，有一點不可不知的，如果太陰化忌守兄弟宮的話，切不可看作兄弟有刑剋或者不和睦。相反的，太陰化忌守兄弟宮的，每多兄弟手足情長者，理由是兄弟對你很多事都擔心，擔心你這樣又擔心你那樣，還不是好兄弟？如果不是好兄弟的話，擔心你才怪呢！

但天機星守兄弟宮就不能如是看，是為主兄弟分離。一般來說，天機星守兄弟宮已必然是兄弟少的了，如果化忌會到左輔右弼的話，必須參看父母宮，因為在這情況下已極可能有異母兄弟了。

從以上的例子，可見紫微斗數要學得精，實在不是容易的事，每一個星曜守某一個宮度，都有不同的意義，再加上「四化」，變化更為無窮，縱使有名師指點（我是說真正的名師，並不是東抄西襲的所謂「名師」），也必須經相當長的時間浸淫，然後有成。試看今日香港，懂斗數的人何止千百，能對星盤作合理和詳盡分析的又有幾人？我自己在拜師學藝之前，就曾請師父替我算過一次斗數，父母存亡、兄弟人數、甚麼時候結婚，各項人生大事歷歷如繪。

不少讀者寫信來問我，想學斗數，應拜誰人為師？我在此不妨作一簡短答覆，我不便推薦任何人，但讀者在拜師之前，不妨請他算一算斗數，那麼他的功力如何，不是已經可以一清二楚？自己去判斷總勝過任人吹牛，更何況江湖術士多擅吹噓！

武曲化忌　亦非等閒

談過了廉貞星化忌、天同星化忌、天機星化忌、太陰化忌之後，現在可以談談另一個頗惡的星曜化忌。那就是武曲星化忌。

由於武曲星是財帛宮的主星，所以最怕它守財帛宮化忌，單化忌已甚不美妙，如果雙化忌的話，則弄致破產亦非奇事。

無論化祿與化忌，在紫微斗數來說都特別重視「疊」的，也就是兩個相疊遇的意思。初學斗數者很多時有這樣的誤解，舉例來說如說化祿，見到相疊化祿達四五個之多，以為甚美矣，其實是錯的。紫微斗數最講究是兩個的「疊」，這個我曾一再反覆說明。「疊祿」的威力才是最大的，祿太多反而不美，這個學說頗近似「子平」財多身弱的理論。

「子平」的「財多身弱、富屋貧人」，意思並不是說財多就健康不好，它真正的意思是四柱財多，但日元甚弱，是故不能任財，成為富屋貧人。

「富屋貧人」是甚麼意思呢？也有不少人誤解，所以不怕嚕囌的再解釋清楚，那是說有如在富麗堂皇的華廈裏當雜役的人，雖然身居華廈，但卻是貧人一名。

「化忌」的情況也一樣，有人見到有數個化忌在一起，便大為害怕。其實，這也是錯誤的思想，化忌最惡的就是「疊忌」，全個星盤只有兩個忌星疊在一起，是為禍最大者。前面所提到的大師兄的星盤，使他致命的就是武曲星化忌守疾厄宮，疊到福德宮的貪狼化忌，是正正式式的兩個忌星相疊，是故禍害才那麼大。而天機星化忌守夫妻宮，則是說明他太太因此事而致焦慮而致痛不欲生而已！

同時武曲星化忌守每一個宮度，同樣有不同的意思。

守財帛宮自然是破財，這是不必說的了，但武曲星化忌守夫妻宮又如何呢？是主配偶有病呢？刑剋呢？還是離婚呢？一般人誤解的極多，坊間的書籍亦少有說明。當然，其中亦有把人誤導的。下文，又會講一個武曲星化忌守夫妻宮的故事。

兼看全局　方能準確

有不少學紫微斗數的人，有這樣的一個誤解，以為夫妻宮的星曜不吉，影響的是配偶而已，與自己無關。這是大錯特錯的。看上文我所說的夫妻宮天機星化忌所發生的情形，聰明的讀者已可明白一二。

至於武曲星化忌守夫妻宮有以下這樣的一個故事。

話說在一九八四年（甲子年）時，有一位略懂紫微斗數的朋友，姑名之為老劉吧，給我看一個星盤，是一位吳太的。在甲子年時，遇到武曲星化忌守夫妻宮。而當年吳太所發生的事，卻使老劉百思不得其解。

所以，老劉就拿吳太的星盤來給我看，事先甚麼也沒有說，而且還多少有點誤導地問我：武曲星雙化忌守夫妻宮，是否主配偶有刑剋？

記得我當日答覆他說，這是不能一概而論的，必須兼看四煞的位置和大限的情況。

隨着他出示吳太的星盤給我看，我看了一會兒，問了他幾個問題，目的在考證星盤的時辰是否準確，接着便對他說，吳太目前是有腫瘤性的疾病，對她來說會是十分煩擾的。

老劉聽我這麼說，馬上跳起來，非常性急的問我如何推斷吳太是患了腫瘤的疾病，為甚麼夫妻宮武曲星化忌會變成是自己患病而不是丈夫有事或刑剋丈夫？

看見老劉這麼緊張，我已知道我的推斷是準確的了。

結果，我把謎底揭開，理由是吳太是壬辰年出生的，大限走到武曲星化忌守疾厄宮，兼遇貪狼化忌及煞星，已知她在這個大限中，必然會有腫瘤性的疾病而需要開刀。

至於這件事會應在甚麼時候呢？這就是關鍵性所在了。一般情形都是應在流年武曲星化忌守夫妻宮的時候。

當然，如果大限不是武曲星化忌守疾厄宮的話，那又是另一回事了。所以說，斗數必須兼看全局，不能單看某一宮情形如何，否則推斷出來的情形可以誤差很大！

遭遇三煞　須分輕重

武曲星化忌守疾厄宮，所遇到的疾病是頗有輕重之分的，所以必須兼看是否有煞星拱照。

輕的可以只是牙患，如牙痛、牙周病等，重的則可以變為腫瘤或結石等病。

通常單化忌的情況較輕，而雙化忌的情況則較為嚴重。

至於四煞——擎羊、陀羅、鈴星、火星，有多少煞星拱照也有輕重的分野。

關於煞星拱照，這裏不妨作一較詳細的解説，舉例來説，同是遭遇三煞，也有輕重之分。

假如有擎羊、陀羅、鈴星一同拱照，但三顆煞星均無一進入本宮，只是在外圍拱照的，情況最輕。

如果有一顆煞星進入本宮，外加兩煞星拱照，則情況會比上述情況嚴重。而最嚴重的是有兩顆煞星進入本宮，外加一顆煞星會照，那是屬於遭遇三煞中最惡的一類。

舉例來說，如大限走到亥宮，丁年或己年出生的人，就必然見到擎羊星與陀羅星兩煞，這時就要看火星與鈴星在哪一宮度了，如果鈴星或火星其一在巳宮、未宮或卯宮的話，那就是形成三煞並照。但那只是會照到而已，並無任何一煞進入亥宮，是為情形最輕的一種，換過另一種情形來說，如果火星或鈴星其一走進亥宮的話，那情況就嚴重很多了。

又假如大限走到巳宮，本宮有陀羅和鈴星，再會照到火星，也是三煞並照，但因有兩煞進入本宮，那就是情況最嚴重的一種。所以，同是遭遇三煞，也有輕重之分。

合理的解釋是，三煞會照，但無一煞進入本宮，相似城外有三賊在徘徊覬覦，雖然構成威脅，但情況還未算嚴重。但不幸有一賊已進入城內，另兩賊在城外，那麼相等於有了內應，情況自然較為嚴重了。

而最嚴重的自然是三賊已有兩賊入城，為禍自然最大，亦已到了使人防不勝防的境地。

所以對於遭遇三煞，必然根據上述情況來衡量其輕重，推算才會準確。

步步為營　仍告扭傷

武曲星化忌守財帛宮與疾厄宮都是可怕的，但如果守本宮或福德宮又如何呢？一般來說，武曲星化忌守本宮或福德宮則要小心跌傷或撞傷。由於武曲星化忌，多是應在十一月年底左右的時間，所以，遇到此星的化忌，在年底時就要特別小心。

但有時命中注定之事，確是很奇怪的，縱使讓你知道，有時也避無可避，最多是由於有較強的警惕性，而使到遭遇的情況較輕而已！

記得在一九八二年（壬戌年），我有一位姓張的朋友的太太，她是壬午年出生的，那年她剛好遇到武曲星雙化忌守本宮。

事前我曾一再的對她說，要留心十一月以後至過年的一段時間，不可作任何危險性的玩意，包括爬山、駕車也不宜，希望能避過跌傷或撞傷的劫數。

而張太果也聽我話，事後她的丈夫對我說，到接近十一月之時，他的太太已經把高跟鞋都收起來，出外也只穿平底鞋，就是防不小心跌傷。

張太可說多少有點夙慧的人，想的亦很周到，但不意仍然劫數難逃。

就在十一月中之時，有一天張太因事到石板街去買東西，那天適好下着微微的細雨，不知是否因為天雨路滑，張太雖然穿着平底鞋，但不知怎的足下一滑，幾乎摔倒。就這樣，她扭傷了足踝。

本來以為這種小傷，自己搽些跌打酒過幾天就會好的。不料，腳跟卻腫起來，終於要找跌打醫生醫治，也痛苦了多天才痊癒。

事後張先生告訴我，平日他太太出外，不是自己駕車就是坐的士，步行的機會不多，卻不知怎的那天她會走到石板街去買東西，結果扭傷了足踝。

紫微斗數之準繩度可以如此者，而且在當事人事先有所警惕，步步為營，不料仍然無法逃過要發生的事。

貪狼化忌　有好有壞

每一顆參與「四化」的星曜，是化祿還是化忌，在哪個宮度，是在廟宮還是陷宮，都有不同的意義。紫微斗數之精髓在於「四化」，但能把「四化」學得精又是不容易的事。再舉例來說，貪狼星的「四化」，也是不易學得精的，因為其中的變化亦甚多。

台灣的一派，甚至有人認為貪狼星化忌是好事。

不過，這是要分開來說，要看它守哪一個宮度化忌。

假如貪狼星在辰，是為廟位，如果辰宮是命宮的話，那麼它的化忌可說是相當不錯的，理由何在呢？

因為如果天盤命宮在辰，由貪狼星守的話，那麼財帛宮就必然是破軍星與祿存星，如果貪狼星化忌的話，必然是癸年出生，那麼就是破軍星化祿疊到祿存星守財帛宮，單看這點已屬不錯的格局。

而且貪狼星在辰宮是廟宮，所以不怕化忌。還有一說貪狼星是屬於詩酒應酬，興趣多多的星曜，一旦化忌自然在各方面都興趣減少，「火麒麟」的個性由此得到修正，所以可說是好事。

但貪狼星是否真的完全不怕化忌呢？那又未必。

舉例來說，如果貪狼星守寅宮化忌，流年走到變為守田宅宮的話，好像是癸亥年（一九八三年）那樣，成為雙化忌，假如再遇到火星的話，那麼，在那一年裏就要十分小心家宅有火災之險。

有關這樣的故事，我在《術數述異》中就寫過一則，是發生在一九八三年的，當時一位朋友的星盤就是如此，結果他經營的工廠發生火警，整間工廠毀於一炬。尚幸他早算斗數，知道自己田宅宮有火警之事，無論家居與工廠，都買了火險。

而貪狼星化忌所遇到之事，多發生在年中，徵驗性是頗高的，而那位朋友的工廠，就在那年接近秋天時因冷氣機洩電而引致火警的。

貪狼化祿　喜遇火星

貪狼星化忌，可稱之為「奪愛」之象。

何以稱之為奪愛呢？舉例來說，如守命宮，是使你對喜愛的事減低了興趣，如平日喜歡打麻將的，在遇到貪狼化忌守本宮之時，這種興趣就減低了。

而貪狼化忌之時，必定是破軍化祿，而貪狼星與破軍星是永遠都可以照到的，那又作甚麼解釋？

舉例來說，如果貪狼星化忌守財帛宮，那麼破軍星就必定是化祿守事業宮。

不少初學斗數的人，見到這種情況會覺得很矛盾。

實際並無任何矛盾在內，因為它的解釋是，在遇到這種情況，很多你計劃周詳的事，反而無法成功甚至失敗，但在無心插柳的情況下，又會大有收穫。

本來，若依邏輯來說，當然是計劃得愈周詳之事，成功率應該更高。但人生的際遇，有時確是很難說的，所以才不少人相信命運之事。如貪狼星化忌守財帛宮、破軍星化祿守事業宮，就很多時使你氣結。

所以，癸年生人，如果七煞在申宮守命、貪狼化忌在財帛宮、破軍化祿與祿存星在事業宮，這些人一生都好命，他們常在不經意之間可得大財。也因如此，這種人就特別信命。

當然，貪狼星本身也會化祿，由於貪狼星是屬於詩酒應酬的星曜。所以，今人便認為貪狼星化祿是可以從交際應酬中得財或者得到好的機會。

一般來說，任何星曜與火星、鈴星同纏，都是會減分的。但貪狼星就偏偏除外，貪狼星化祿遇到火星或鈴星，不單只不會減分，而且還有橫財或意外之財呢！遇到火星所得之財較大，而遇到鈴星所得之財較小，但不論其大小，同屬意外之財則一樣。其中且包括做生意所得的財，如你做一單生意，原意賺十萬元已很滿足的，不料成交後，卻多賺了數萬元，使你喜出望外，這也是貪狼化祿會遇火星或鈴星。

斷章取義　易生錯誤

我曾收到一位讀者來信，問武曲星化忌守夫妻宮為甚麼會看作是本身有腫瘤，顯然這位讀者是有所誤解了。不知道其他讀者是否會有同樣的誤解，所以此處特為答一答這個問題。我原意並非說武曲星化忌守夫妻宮，就看作本身有腫瘤。是說大限武曲星化忌守疾厄宮，在那個大限中有腫瘤等疾病發生，但一個大限是管十年的，那麼會在哪一年發生呢？答案是發生在流年武曲星化忌守夫妻宮的時候。依此類推，如果天盤已是武曲星化忌守疾厄宮的話，那麼大限到武曲星化忌守夫妻宮時，再走到流年也是在那一個宮度，徵驗性就可說百分之一百了。

當然，有些人雖然天盤是武曲星化忌守疾厄宮，但由於大限是順行的關係，一生也遇不到武曲星化忌守夫妻宮的，那麼就要小心流年遇到武曲星雙化忌守夫妻宮的時候了。上述的答覆，相信讀者不會再誤解了。

凡看紫微斗數的星盤，首要是注意天盤，看原天盤會發生甚麼事，再而看大限，最後才看流年。決不能單看流年而忽略原天盤與大限。

再舉例來說，如果一個人的原天盤或大限，遇到武曲星化忌守夫妻宮，但大限與天盤的疾厄宮並無不妥的現象，那麼就不可斷定他會有腫瘤的疾病，而是在那個大限內，夫妻關係十分惡劣，遇到煞星的話，大有可能非剋即離。

無論是學紫微斗數、風水或任何術數，大家都應該知道有所謂「一線隔天涯」的事，而這個「一線隔天涯」，很多時就是由於疏忽所造成。

所以我常說，看紫微斗數的星盤，不能單從一個宮度去看，否則就容易斷章取義而產生偏差，譬如說寫信來問我的讀者，他就只看了武曲星化忌守夫妻宮，而看漏了上文所說的大限武曲星化忌守疾厄宮。

最後順帶一提，一個人的天盤如果是武曲星守兄弟宮的話，多是兄弟不和的，如果再化忌的話，關係就更為惡劣，業鐵板神數的就有「兄弟X人，秦楚干戈」的條文了。

奪愛現象　分兩方面

貪狼星是屬於桃花的星曜，化忌的話是主有「奪愛」之象。

但這個「奪愛」，卻同樣不是一成不變的。說到「奪愛」，自然很多人會關心貪狼星化忌守夫妻宮如何，是奪人之愛還是被人奪愛。

現在先說貪狼星在沒有參與「四化」時，守夫妻宮的現象。

貪狼星守夫妻宮，婚姻過程有一徵驗性很高的現象，那就是當第一次雙方認識時，兩人根本完全沒有注意及對方，亦無任何印象。到相隔一段時期，偶然再相會時，雙方才開始有約會之事，直到結婚。

但貪狼星化忌守夫妻宮情況就不同了，貪狼星化忌是主有「奪愛」之象，而這個奪愛是雙方面均有可能的。

第一自然是奪人所愛，如配偶本來已有心上人，但被你橫刀奪愛。

另一個現象是你本來已有意中人，不料半途殺出個程咬金，日後竟成為你的配偶。

以上的情況是對天盤貪狼星化忌守夫妻宮者來說，如果一個人的天盤本來就不是貪狼星化忌守夫妻宮，但卻在某一個大限中遇到貪狼星化忌守夫妻宮，那又將作何解釋呢？遇到這種情形，同樣可以有兩方面的解釋，至於屬於哪一方面的情形，就必須兼看三方四正的星曜，以及在哪一個大限中流年的情況，然後可以決定。

第一是你自己本人有外遇，使到對妻子之愛被人分薄。

第二就是妻子會有異心，提出與你離異。

上述兩種情況都是「奪愛」之象。分別只是奪人之愛還是被人奪愛而已。

貪狼星的化忌，與其他星曜的化忌情況一樣，單化忌情況較輕，風水每能解拆；雙化忌情況就特別嚴重，風水亦應無能為力。

下文會為大家說一個貪狼星化忌守夫妻宮的故事，過程可說頗為曲折。而這個故事，使我對貪狼星化忌守夫妻宮印象十分深刻。

破財原因 斗數清楚

現在先說一個貪狼星化忌守夫妻宮的故事。

記得在多年前，一位姓周的朋友，略識紫微斗數，有一天，他來找我，給我看一個星盤，是他的朋友胡君的。

胡君的星盤是大限剛走到貪狼星化忌守夫妻宮，武曲星化忌守財帛宮，老周便問我，有忌星守夫妻宮，是否代表會刑剋妻子。

我拿着星盤看了好一會兒，然後對老周說，這個星盤的現象，在我來看是老胡有外遇，而這個外遇會帶給他很大的麻煩，而且會破一筆大財。嚴重的可致家庭破裂。

在中國有很多門的術數，對一個人的破財都能看得很準確，只是如何破財，是生意失敗呢還是甚麼原因，則似乎紫微斗數就更為詳細了。

當時我勸老周，對他的朋友胡君說明他有桃花劫，好讓他小心。希望他能提高警惕，度過那一個極具破壞性的流年。

老周聽我說完後，再仔細端詳星盤一番，覺得我所言也有道理。因為胡先生的星盤是大限武曲星化忌，固然是主在那個大限內破財，但因為胡先生是癸年出生的，原天盤已是貪狼星化忌，這時貪狼星化忌剛好在這個大限中進入去夫妻宮，同時兼見紅鸞、咸池、左輔、右弼等星曜。已清楚的說明他在這個大限中，桃花甚重，而破財亦必因這些桃花而致。而且當年流年在申宮，他剛好走到貪狼星化忌的宮度，武曲星化忌以流年來說變為在夫妻宮，可見他為桃花而破財外，夫妻關係亦會弄得甚為惡劣。

但一個人命中注定之事，特別是一些大事，縱使當事人事先知道不妙，甚至有人一再囑他小心，但要發生的事仍然是會發生的，這才叫人慨嘆造物弄人。

如胡先生的星盤，老周是提醒了他的，而且勸他找個風水名家看一下家宅的風水，是否「陰神遍地」和有甚麼解拆的方法。但出人意料之外的是，胡先生雖然相信老周之言，但並沒有找人看風水，理由是……

前度女友　路左相逢

胡先生沒有找人看風水，並不是不相信風水之學，也不是無法找到高手。因為他知道老周認識很多江湖上的高人，一定可以為他介紹，只是他認為不久就要搬家，自己亦少涉足歡場，到搬新屋時才看也未遲。

原來胡先生所買的新樓，照道理應在年中入伙的，但不知何故，一直拖延，拖到接近年底才說快可入伙。

而就在胡先生還未搬新屋之時，說也湊巧，有一天晚上，夫婦兩人不知為了甚麼小事吵起嘴來，胡太一氣之下回娘家去。

到第二天，胡先生下班後本擬到外母大人的家裏去勸太太回家的，但在街上走着走着，又覺得心有點不甘，便隨便的走進一間餐廳去歇歇，喝杯咖啡。

胡先生當時的心情當然不好，獨坐一隅在呆想。

大約坐了半個小時，在胡先生結賬離去時，就在門外遇到一位女士，使胡先生感到愕然，木訥了好一會兒，還是那位女士先開口，關懷地問他的近況。

原來胡先生在與太太結婚前，這位面前的女士是他的女友，而且有了不尋常的關係，此事胡先生的許多朋友都知道的，而胡太亦微有所聞，只是事過情遷，也不計較得那麼多了。

胡先生的女友姓潘，人稱潘小姐，由於長得漂亮和風情萬種，朋友暗地裏稱她為「潘巧雲」。

這時兩人相逢，本來也沒有甚麼，胡先生禮貌的問潘小姐準備去哪裏？潘小姐說因為心情悶，隨便出外走走而已，不料在這裏遇到他。

兩人邊走邊談，還是胡先生提議，不如一同去晚飯。

在胡先生的意思是，自己的太太返了娘家，小家庭又無僱用傭人，反正都要到外邊吃飯的了，能有人陪着自己，不致吃悶飯，也是好事。但這頓飯吃下來，發生的事是胡先生更為料不到的。

舊歡重拾　離婚破財

胡先生與潘小姐在酒家叫了菜餚與酒，兩人邊喝邊談。

在胡先生與潘小姐分手多年後，曾經側聞潘小姐作了一位富商的黑市夫人。

在兩人喝得差不多的時候，胡先生藉着酒意，大膽的問起潘小姐這事。

而潘小姐亦不諱言自己曾作某富商的黑市夫人，但說富商在不久前去世了，並沒有留下甚麼給她，目前獨居，但所居住的樓宇是分期付款買的，還未供完，所以也感到有點徬徨。

潘小姐年紀雖然已三十多歲，但仍然明艷照人，一舉手一投足都有一股魅力。胡先生看在眼裏，想起了往事，已有點不能自已。

終於，胡先生送潘小姐回家時，已摟在一起。結果，就在當夜舊歡重拾了。

胡先生滿以為這事神不知鬼不覺，在潘小姐香閨一直逗留至翌晨，然後施施然上班去。臨別時還依依不捨，約定晚上再來看她。

胡先生當日在公司，不知如何總好像無法集中精神做事，心裏又好像有點不吉的預兆。

就在中午將近下班時，胡先生的太太來了電話，劈頭一句便說要辦離婚手續，也不讓胡先生答話，便收線了。

胡先生見事情嚴重，向公司請了半天假，趕到外母家裏，看看太太為何如此決絕。

在他們夫婦相見時，胡太便問胡先生昨夜為甚麼沒有回家。

胡先生正在奇怪太太為何知道昨夜自己沒有回家時，胡太鐵青着臉說，自己昨夜回過家裏，睡到天亮仍未見他回來。心裏正懷疑他昨夜在哪裏胡混，不久就接到妹妹的電話，說見到胡先生摟着一個女人進了一間屋裏，許久都不見他出來。

至此，胡先生自然百詞莫辯！

終於，他們夫婦離婚了，但胡先生所住的房子和不少財物，都是與太太聯名的，離婚後胡先生相等於減少了一半資產，正應了自己有外遇而致離婚和破財之星象。

太陽守命　不拘小節

太陽在紫微斗數中，是十四顆主星之一，它的化祿與化忌，同樣是影響甚大的。至於它的變化，亦不可說不大，而且十分注重是在廟宮還是在陷宮。

太陽守命的人，臉色與特徵也隨不同的宮度而有變化。在廟宮守命的人，大多臉色紅潤，而在陷宮守命的人，則大多臉色青白。

而且太陽陷宮守命的人，身體多有黑痣，在亥宮守命，其痣多在背，在子宮守命的人，其痣則多在腹部。

而且太陽守命的人，每多不拘小節，個性豪爽，徵驗性是頗高的。

太陽雖是熱情豪爽的星曜，但卻是一個「招怨」的星曜，有關這點，我已在《紫微閒話》中寫過。

太陽化忌，與其他星曜一樣，也是甚怕在陷宮化忌的。至於是屬甚麼宮，會產生甚麼，又各自不同。

在女性來說，當然是最怕太陽化忌守夫妻宮，特別是在子宮為然，既難得滿意的對象，也極易為男人所累。

如果以子宮為夫妻宮的話，那麼命宮必然是在寅宮。如果太陽守子宮，命宮的星曜就一定是天機太陰。

再加上甲年出生的話，就是太陽化忌在陷宮守夫妻宮了。

在說太陽化忌在陷宮守夫妻宮的故事前，先說一下祿、科、權會照父母宮的事。

前文提到的太陽化忌在子宮守夫妻宮、父母宮就是紫微與貪狼，奴僕宮是廉貞，子女宮是武曲、破軍。甲廉破武陽，那麼父母宮豈不是有祿、科、權三吉星拱照？

很多人見到父母宮有祿、科、權吉星拱照，就推斷是父母富有，每每是錯誤的。

如以上的星盤，是否可推斷其父母富有呢？答案是不一定可以，而且錯誤的機會是極高的，理由何在呢？下文再為大家分析。

吉星拱照　仍須推敲

上文所提的星盤，父母宮在卯宮由紫微星與貪狼星同守，甲年生人，會照到廉貞化祿、破軍化權、武曲化科，但卻不能判斷為父母富有，理由何在呢？

第一，通常會照祿、科、權三吉星，情況也如前面所提會照三煞那樣，如果有其中一星進入父母宮，情況就大大不同，當然是最好由化祿星進入父母宮了。

但現時環視父母宮並無任何祿、科、權吉星在內，卻反而有一顆擎羊凶星。若再會照火、鈴的話，縱有祿、科、權吉星拱照，作用也不大。

不過，這種星盤，父母雖然不一定富有，但每多是長壽的，如果再見空、劫的話，那麼他們可能還要供養父母一段長時期。

所以，千萬不要見到祿、科、權拱照父母宮，就馬上斷定父母富有。必須仔細推敲，其理在此。

而這個星盤是女性者的話，太陽在陷宮化忌守夫妻宮，是極難有滿意的對象和容易為男人所累。

但人卻是十分聰明機智的，因為命宮是天機星與太陰星，樣子也漂亮。

但漂亮與福澤是兩回事，若再見紅鸞、左輔、右弼、咸池等星進入夫妻宮，則更須小心為男人所累而淪入風塵。

所以說女性如果太陽化忌在陷宮守夫妻宮，實在是十分可憐的。

記得在多年前，一位姓吳的朋友給我看一個星盤，那個星盤是他為一位女士推算的，就是太陽在陷宮化忌守夫妻宮，三方四正的星曜不吉，而那位女士的際遇說來也叫人可憐。

她由於出生貧窮，弟妹眾多，十餘歲就已輟學，到工廠去做散工，結識了不少男女工友。固然，在她的朋友中，良莠不齊，而她之淪落風塵，就是受到一位所謂「姊妹」的引誘，人生的價值觀也由此而改變。

太陽守宮　須看旺弱

那位女士，姑名之為陳小姐吧，在歡場中打滾了一個時期，初時由於未染上壞習慣，倒也給她儲到些錢。

不料，就在流年再遇到太陽化忌守夫妻宮的那一年，她遇到一位追求她甚力而冒充富家子的男子，終於共賦同居。

但不旋踵，陳小姐發現她的同居男友，不單只不是她想像的那樣，而且不事生產，無所事事，結果陳小姐要付出「掟煲費」才能收科。

難求滿意的對象與易為男人所累的現象，可說都全部出現了。

尚幸這位小姐原天盤命宮屬於機智的人，所以尚能自拔，到中年後，有了積蓄，雖然欠缺理想的伴侶，但日子還過得不錯。

這是太陽化忌在陷宮守夫妻宮，遇到不吉的星曜的例子。當然，如非在陷宮的話，情況自不如上述例子之嚴重。相反的，如果太陽在廟宮為夫妻宮的話，情況就有一百八十度的改變，是為可以得到熱情的夫婿，而夫妻亦恩愛逾恆。可見太陽守夫妻宮變化之大。

至於太陽守事業宮，同樣必須研究其為在廟宮還是在陷宮，是化祿還是化忌，其間的變化也是很大的。

如太陽化祿在午守事業宮，是為日麗中天，那麼，事業當然在極佳的情況下發展，亦必大有聲名。

相反的太陽在陷宮化忌守事業宮的話，則事業必見動盪之象，更有改業或轉變職業之可能。

至於守財帛宮，一般來說是主在錢財方面，受剝削性較大，所賺得的錢每每無端為人借去或浪費掉，在廟宮情況較輕，而在陷宮的情況則較為嚴重。

如果太陽化忌在陷宮守財帛宮的話，則不單只主剝削嚴重，而且在那年會破財及無端端的浪費極大。

如果是大限太陽雙化忌在陷宮守財帛宮的話，則必須靠福德宮有吉星才能解救，否則不堪設想了！

事業反覆　心力交瘁

紫微斗數看運程，一般來說是準繩度奇高的，如說太陽化忌守事業宮，事業會出現動盪的現象，每每是很對的。

記得有一位朋友，是姓李的，人稱「小李」，他早幾年就是大限走到太陽化忌守事業宮，而在那個大限中，他的事業的動盪與打擊，確實非外人所能想像的。

這位小李是戊年出生的，原天盤是天機星化忌守子女宮，子息稀少已甚準確，因為他年紀三十多歲，結婚多年也只有一名女兒。到大限走到子宮時，就是太陽化忌守事業宮了。

原本小李是獨資經營一間不大不小的貿易公司，也賺了些錢，有自己的物業，也購買了名廠的汽車代步。

結果，進入該大限之後，他的事業起了相當大波幅的變化。

首先在壬戌年（一九八二年），該年財帛宮見天機化忌，福德宮為太陽化忌與天機化忌拱照，就在那一年內，他兵敗如山倒。幾乎到了破產的階段，房子賣了，汽車賣了，僅以身免。但到翌年癸亥年（一九八三年），由於貪狼星忌祿相沖會照到遷移宮的祿存，以薄資與人合作做生意，但由於奴僕宮為太陽化忌，結果弄到不歡而散，太陽化忌「招怨」的現象完全出來了。再到甲子年（一九八四年），是大限與流年同是太陽化忌守事業宮，而且因為是甲子年太陽變成雙化忌，就在那一年中，事業變化之大和挫折之多，使到小李心力交瘁，幾乎陷入精神分裂。

在該年年初，與人合作的生意全線崩潰，小李更因而負債纍纍。尚幸小李是個不甘言敗的人，力求振作，休息了數個月，就出而任職於一間老友開設的工廠，但不知如何，只做了月餘，即與老友鬧意見，終於辭職不幹。在那一年裏，小李幾乎是頭頭碰着黑，處處碰壁，到將近過年時，還賦閒在家。可見太陽雙化忌守事業宮影響之大。轉眼間到了乙丑年（一九八五年），事業宮見祿存星會照到貪狼化祿，小李立即勃然而興，得到海外一位好朋友的信任，捲土重來。

巨門化忌　是非紛爭

就在小李的事業開始轉好之時，但又受到奴僕宮天機星化忌的影響。終於，又與合夥人發生意見。再加上那年是太陽化忌守田宅宮，田宅有動盪之象，結果，在那年裏，小李搬了兩次家，到年底時又與合夥人拆夥了。

但到底因為事業宮見祿存星會照到貪狼化祿，流年有利，所以雖然不免動盪，倒也給他聯繫到一些有實力的客戶。

轉眼間到了丙寅年（一九八六年），變成事業宮見天機星化忌，福德宮見太陽化忌，他又再次在事業上反反覆覆，許多合約眼見成功在望，轉眼又為人奪去。

終於他在不停的風浪中捱過了丙寅年，到丁卯年，福德宮變成祿存星守，財帛宮為貪狼化祿，甫告立春，立即見他生氣盎然，估計他必有所成。只是大限仍在子宮，所以亦許以小成就而已，要有大的成就，看來非到下一個大限不可。

上面的故事，只是說明一個人在大限遇到太陽化忌守事業宮之動盪。縱使有好的流年，也只是小成就而已，但在壞的流年裏，那就更為不堪了。

一口氣寫了多個星曜化忌的現象，餘下來的尚有巨門星化忌、文昌星化忌與文曲星化忌。

巨門星化忌也非易與者，同時也是在每一個宮都有不同的現象。它也是與其他星曜相似，最怕是在陷宮雙化忌。

巨門星本身是暗曜，最需要太陽光的照射，所以，它最宜在戌宮相守，因為巨門星在戌宮時，太陽必然在午宮，太陽以日麗中天的光芒，解除巨門的暗氣。

在陷宮的巨門，不管是否化忌，已是一個主是非與紛爭的星曜。守六親的宮度，都主六親不和，如守兄弟宮，主兄弟間多閒氣和意見；守夫妻宮，主夫妻不和；守父母宮，主父與母經常口角爭吵。

至於守財帛宮與事業宮，如果見到雙化忌無吉星解救的話，則不單只破財，更防官非。

文昌文曲　亦多變化

文昌星與文曲星，望文生義，都知道它是主文才的星曜，縱使對紫微斗數毫無認識的人，對這兩顆星曜亦多耳熟能詳。

文昌星與文曲星雖然性質相似，但也有其不同的地方。

文昌星是主文學方面的文才，而文曲星則較側重於雜藝方面，如古時所謂「醫、卜、星、相」之類。

而這兩顆里曜同時都是可以化忌但卻永不化祿的星曜。有關這點我已在《紫微閒話》中寫過，於此不贅。

這兩顆星曜的化忌，一般初學斗數的人都會覺得較難捉摸，因為它守某一個宮度，都有不同的意義。

通常文曲星或文昌星化忌守命宮，則多主為人做事多疏忽與大意，亦主善忘，常常不是忘記這樣便是那樣，甚至上班也常忘記帶東西而要回家去拿。

如果守事業宮的話，就有兩重的意義，如果是尚在就學期間的話，很容易會發生輟學或留級等情況。

如果已出來做事的話，要考升級試就特別困難，也很容易遇到一些輕信寡諾之事。如有人答應了某些事情而結果不算數，使你大感失望，更要防文件上的失誤或空頭支票等。

至於守財帛宮，則通常主收數特別困難，容易遇到別人賴賬或拖延付賬。

原則上，文昌星與文曲星守財帛宮或事業宮，一般來說是有三種事要避免做的。第一，不可炒股票、買空賣空等，否則必然損手；第二，不可作擔保人，如擔保他人借錢之類，否則，必然帶來麻煩或甚至要代人還錢；第三，收受支票要特別小心，若有人情商以期票兑現款，則期票到期每多不能兑現者。

以上所述是較多人知道和明白者，但文昌星化忌與文曲星化忌守田宅宮，特別是大限相逢，會發生刑剋老人家之事就較少人知道。如果遇到雙化忌兼遇孤辰守父母宮的話，很多時是主有父或母的孝服，徵驗性亦頗高。

守疾厄宮　頭暈故事

至於文昌星與文曲星化忌守疾厄宮，則主有頭暈之疾。同樣是單化忌情況較輕，雙化忌情況較嚴重。

我自己就曾有過這樣的經驗，在一九八一年辛酉年時，流年是文昌星化忌，那年我剛好就遇到文昌星雙化忌守疾厄宮。

說也奇怪，在那年我就得到一個頭暈之疾，我是夜班工作的，每每上班不久，便感到天旋地轉，迫不得已要放下工作閉目養神一會，然後方可再繼續工作，期間的困擾性甚大。

在那一年，我看過不少醫生，都找不出病因，一般醫生都是給些鎮靜劑我服用，但鎮靜劑服得太多了，人也變得呆頭呆腦的，思考力大為減退。

直到年底時，公關小姐珠珠介紹我看一位中醫，可能那時已接近過年，文昌雙化忌守疾厄宮的惡氣已過，服了幾劑中藥之後，果也痊癒了。

但為了保險，那張藥方我一直保留着，每隔一段時間就煎服一次，果也至今未再發生頭暈之事。

說那張藥方有奇效可以，說我的星盤應使我有如此的遭遇也可以，因為文昌星雙化忌守疾厄宮是主有頭暈之疾也！過了那年，就已經不是由它來守疾厄宮了。

文昌星與文曲星都是不化祿的星曜，所以它的化科，就成為十分可喜。

無論是文昌星或文曲星，化科都主有文才之名，守事業宮與財帛宮固好，守命宮與福德宮亦不弱。

我見過一位高級公務員的星盤，大限遇到文曲星化科守命宮，連年升級，如坐直升機似的。若再加上遇到主升級的天巫星與封誥星，則更為平步青雲矣。

同時，文昌與文曲除了會照之外，夾拱同樣具有頗大之威力，特別是天盤夾福德宮，多是特殊聰明和喜讀書之人。

結語：香港前途　乩文預示

中國的術數，浩如煙海，除了《天網搜奇錄》所述及的外，還有如「奇門遁甲」，「六壬數」、「太乙神數」等，不一而足。

而特別是「太乙神數」，現在懂得的人已鳳毛麟角，是接近失傳的一門術數了！而中國術數之多之奇，一個人縱使窮一生的精力，當亦無法把它全部鑽通。

以我個人來說，不過鑽研了三幾門術數，也花了四十多年的業餘光陰。

在這個《天網搜奇錄》結束之前，我要談的是一個有關扶乩的奇事，作為本書的大結局。

在一九八二年，香港前途未卜，人人都關心大勢如何之時，香港有幾位信奉道教的紳商名流，專誠的到黃大仙祠去扶乩，問一下香港前途。事後朋友給了我一份乩文的副本，全文如下：

「壬戌年（按即一九八二年），七月十一日特壇，閣友有叩請赤松黃大仙祖師指示香港前景者，蒙批示如後：『生子願可酬，信者留且留，不信去自去，去後又回留，九九四十五，想取又非取，無能米且去，主者自是主。』」

當時，香港前途仍未決定，但這乩文卻清楚的顯示了一切。

據懂得解釋乩文者解釋如下：「生子願可酬」的意義是，你們問的東西可獲答覆，「信者留且留」是說相信香港前途穩定者固然留下來，「不信去自去，去後又回留」是指不信當局者，自然是離去，但離去後又捨不得香港再回來。而「無能米且去，主者自是主」，是說英國無能交涉，米字旗將會撤去，香港物歸原主。

當時最使人不解者是「九九四十五，想取又非取」，但後來中英協議後，大家都明白了，「九九四十五」原來是說由壬戌年（八二年）起計，十三年過渡期，五十年不變，總加起來是六十三年，而九加九再加四十五，就剛好是六十三。「想取又非取」是說中國在當時的態度，想取而不是立即取回之意。

天網之下，世事之奇，有如此者！

後記

《天網搜奇錄》在我九本的著作中，我感到是最受歡迎的一部。

有一位業「鐵板神數」的朋友對我說，《天網搜奇錄》對鐵板神數及紫微斗數是一部近乎「講義」的著作。但以報道文學的形式出之，及加上一些故事使讀者不致枯悶。

他還說，看來以後此類作品亦不會多，這當然是他對我過譽之言。

但事實上，除了《清室氣數錄》之外，在搜集資料和籌備工作上，亦以《天網搜奇錄》花去我最多的時間。

而此書亦已斷版多年，不少讀者寫信來問我何處可買得此書，我亦無言以對。

現在由天地圖書公司重新出版與讀者見面，印刷上面目一新，希望如過去一樣，獲得讀者的愛護及支持。

紫微楊 謹識

己亥初夏吉日